GÜTERSLOHER
VERLAGSHAUS

D1718795

Gütersloher Verlagshaus. Dem Leben vertrauen

Professor, Dr., Dr. h. c. Karl-Josef Kuschel, geboren 1948 in Oberhausen/Rhld., lehrt Theologie der Kultur und des interreligiösen Dialogs an der Katholisch-Theologischen Fakultät der Universität Tübingen. Zugleich ist er stellv. Direktor des Instituts für ökumenische und interreligiöse Forschung der Universität Tübingen. Autor viel beachteter Bücher auf dem Grenzgebiet von Literatur und Religion sowie zum Dialog der Religionen.

Karl-Josef Kuschel

Rilke *und der* Buddha

Die Geschichte eines einzigartigen Dialogs

Gütersloher Verlagshaus

Heinz-Dieter Assmann gewidmet
in Dankbarkeit für alle
gemeinsamen Reisen
in die Welt der Literaturen

»Und unten vor dem Fenster steigt der Kiesweg zu einem kleinen Hügel an, auf dem in fanatischer Schweigsamkeit ein Buddha-Bildnis ruht, die unsägliche Geschlossenheit seiner Gebärde unter allen Himmeln des Tages und der Nacht in stiller Zurückhaltung ausgebend. C'est le centre du monde, sagte ich zu Rodin.«

Rainer Maria Rilke (1905)

»Und in den geistigen Himmel unserer Welt tritt mit diesen Reden Buddhas ein neu-uraltes Sternzeichen, deutbar und unfasslich zugleich, schön in seiner Ferne und fern in seiner Schönheit.«

Stefan Zweig (1919)

»Sobald wir aufhören, die Lehre Buddhas rein intellektuell zu betrachten und uns mit einer gewissen Sympathie für den uralten Einheitsgedanken des Ostens zu begnügen, sobald wir Buddha als Erscheinung, als Bild, als den Erwachten, den Vollendeten zu uns sprechen lassen, finden wir, fast unabhängig vom philosophischen Gehalt und dogmatischen Kern seiner Lehre eines der großen Menschheitsvorbilder in ihm. Wer aufmerksam auch nur eine kleine Zahl der zahllosen ›Reden‹ Buddhas liest, dem tönt daraus bald eine Harmonie entgegen, eine Seelenstille, ein Lächeln und Drüberstehen, eine völlig unerschütterliche Festigkeit, aber auch unerschütterliche Güte, unendliche Duldung.«

Hermann Hesse (1922)

Inhalt

10   *Prolog: Asiatisches in Europa*

14   *1. Ein ungewöhnliches Paar: Rilke und der Buddha*
14   Die »Neuen Gedichte« – Spiegel Europas
16   Drei »Buddha«-Gedichte

19   *2. Was weiß Rilke vom Buddhismus?*
21   Schopenhauer: der »Buddha von Frankfurt«
25   Nietzsche: Buddhismus als Nihilismus
29   Der Brückenbauer: Karl Eugen Neumann
33   Stimmen zum Buddhismus: Hofmannsthal, Zweig, Hesse
37   Ein seltener Fall: Buddha-Gedichte ohne Buddhismus-Studium

40   *3. Die Spur führt zu Rodin nach Paris*
40   Worpswede – Clara Westhoff – Rodin
43   Der erste Besuch in Meudon: September 1902
48   Das Ethos des Künstlers

55   *4. Eine Buddha-Plastik in Meudon*
55   Reisen und Roman: der »Malte«
58   Wovon leben? Zum Thema Gönner und Geld
62   Der zweite Besuch in Meudon: September 1905
64   Und plötzlich ein Buddha-Bildnis

66   *5. Die Weltausstellung in Paris 1900*

66   »Brüderlichkeit der Religionen«: Chicago 1893

69   Technikverherrlichung und Kolonialismus: Paris 1900

72   Die Buddha-Spur: Der Pavillon von Niederländisch-Indien

75   *6. Der Buddha von Borobodur*

76   Das Geheimnis von Borobodur

84   Ein Buddha Amitabha in Meudon

93   Der Buddha – eine Figur im Raum

99   *7. Rodin - der »Buddha« von Meudon*

99   Wie ein »thronender östlicher Gott«

102   »Seine Dinge kreisen um ihn wie Sterne«

104   Das Programm des sachlichen Sagens

105   Nachdenken über den Buddha als Plastik

108   *8. Nachdenken über das erste »Buddha«-Gedicht (1905)*

109   Der Buddha und wir: erste Strophe

111   »O er ist Alles«: zweite Strophe

112   Wohin der Buddha uns verweist: dritte Strophe

115   *9. Im Widerspruch zur Zeit*
115   Die Stille des Buddha und der Lärm der Städte
118   Albtraum Großstadt
120   Dem Buddha die Würde wiedergeben

121   *10. Buddha und Christus: Rilkes Kontrasterfahrung*
122   Die Gedichte »Römische Fontäne« und »Blaue Hortensie«
124   Das Christus-Gedicht »Der Ölbaum-Garten«
127   Das Christus-Gedicht »Pietà«

129   *11. Nachdenken über das zweite »Buddha«-Gedicht (1906)*
129   Buddha I und II: der Unterschied
130   Wider den religiösen Normalbetrieb
132   Ein heilsames Irre-Werden vor dem Buddha

133   *12. Rilkes Reden von Gott*
133   Gott – die »grenzenlose Gegenwart«
137   Wider das religiöse Besitzdenken
140   Einen Gott haben, ohne ihn zu gebrauchen

144   *13. Nachdenken über das dritte Gedicht: »Buddha in der Glorie« (1908)*
144   Rückkehr zu Rodin: Hôtel Biron
146   Noch einmal zwei Christus-Gedichte
148   Das dritte Gedicht: Summe und Synthese
151   Was das »Stundenbuch« von den »Neuen Gedichten« unterscheidet

154   *14. Rilkes Buddha - Konsequenzen für heute*

154   Jenseits von Schopenhauer und Nietzsche

155   Kein Ausspielen von Orient und Okzident

156   Primat der Anschauung

156   Anverwandlung ohne Lehre

157   Das Zentrum der Welt

158   Vom Haben zum Sein

158   Nicht Buddhist, sondern Buddha werden

159   Gott Gott sein lassen

163   *Epilog: Das Gleichnis vom Floß*

165   *Zeittafel*

170   *Literatur*

176   *Anmerkungen*

186   *Ein Wort des Dankes*

Prolog: Asiatisches in Europa

Die Präsenz des Fremden im Eigenen, das lässt mich aufhorchen. Asiatisches in Europa, das weckt meine Aufmerksamkeit. Buddhistisches, wahrgenommen durch ein europageprägtes Bewusstsein: das geht mich an – hundert Jahre nach Rilke in einer völlig veränderten Zeit, die aber den geistigen Austausch zwischen den Religionen und Kulturen mehr denn je als Herausforderung erlebt. Aber hat Rainer Maria Rilke, dessen Gedichte mich seit Jahrzehnten begleiten, auch auf dem Feld interkultureller Kommunikation etwas *vor*gedacht, *vor*formuliert, dem sich auch heute noch *nach*zudenken, *nach*zusprechen lohnt? Drei Buddha-Gedichte hat er hinterlassen, er, der ein Leben zwischen Prag, Paris und Sierre lebte, der das alte Europa zwischen Rom und Göteborg, zwischen Ronda und Triest wie kaum ein anderer erkundete, 1875 in Prag an der Moldau geboren, 1926 in Raron im Schweizerischen Rhonetal zu Grabe getragen, der aber Europa bis auf eine Reise nach Nordafrika und an den Nil nicht verließ. Diese drei Gedichte fordern mich heraus. Ich will verstehen, warum gerade *er* sie schrieb.

Dieser Verstehensprozess ist nichts weniger als eine »Entdeckungsreise«. Die schiere Lust an neuen Erkenntnissen treibt mich dazu. Man wusste bisher nur um das Faktum. 1905, dreißigjährig, tritt Rilke in die Dienste des großen französischen Bildhauers Auguste Rodin, bewohnt auf dessen Besitz zu Meudon bei Paris ein Häuschen, entdeckt dort im Garten eine große Buddha-Statue und beginnt, wie Briefe bezeugen, mit ihr einen Dialog zu führen, der in der deutschen Literatur seinesgleichen sucht. Erzählt aber hat die *ganze* Geschichte noch niemand. Erzählt, woher der Buddha stammt, um was für einen Buddha es sich handelt, unter welchen Umständen er in Rodins Besitz gelangt, bevor er durch Rilke literarisch »verewigt« wird. Hinzu kommt: Ich kann die Präsenz des Buddha in Meudon bildlich dokumentieren und so meinen Leserinnen und Lesern ein hohes Maß an Anschauung bieten. So kann ich den Dialog Rilkes mit der Buddha-Figur nicht nur textlich lebendig werden lassen. Ich kann auch der Geschichte dieses Dialogs eine hohe Anschaulichkeit und Sinnlichkeit geben.

Wieso Rilke? Warum lohnt sich die Auseinandersetzung mit einem offensichtlich so kanonisierten Dichter? Kanonisiert, aber weit weg. Sein Werk mag noch heute eine Gemeinde begeisterter Anhänger haben, die Rilkes Dichtkunst zu schätzen weiß. Aber ist es in heutiger Weltstunde, im Zeitalter nie gekannter wirtschaftlicher, kultureller und religiöser »Globalisierung«, wirklich noch relevant? Ich nehme diese Frage ernst, tue sie nicht ab mit dem lapidaren Hinweis, Rilke sei immerhin ein Dichter der Weltliteratur und deshalb um seiner selbst willen relevant. Ich will und muss von Erfahrungen mit seinen Texten berichten und konkret zeigen, warum mir dieser Autor gerade mit seinen Buddha-Texten heute etwas zu sagen hat, etwas Unverwechselbares, Einzigartiges, das nur ein Dichter von der Sprachkraft Rilkes und kein Religionswissenschaftler und kein gläubiger Buddhist so sagen kann.

Die Fremdheit des Buddha ist für uns Europäer offensichtlich. Wir können nicht so tun, als verstünden wir ihn schon; als hätten wir begriffen, was er geistig verkörpert; als hätten wir verstanden, welche Herausforderung an das eigene Leben von ihm ausgeht. Rilkes Buddha-Gedichte aber sind eine Brücke über die geistigen und kulturellen Gräben hinweg. Sie erschließen mir das Geheimnis des Buddha ganz zwanglos, ganz unaufdringlich, ganz unlehrhaft. Ich bin »gepackt« von dieser Figur, ohne auf sie schwören zu müssen. Buddha-Meditationen werden möglich, ohne sich als Buddhist aufzuspielen. Ich spüre: Diese Art von Dichtung vermittelt Wissen ohne Besserwisserei, Weisheit ohne Belehrung, Orientierung ohne Zeigefinger. Kurz: Weisheit, gepaart mit Schönheit. Das ist es, was ich suche.

Deshalb ist der Ansatz bei der Dichtung kein überflüssiger Umweg, keine Spielerei für Rilke-»Liebhaber«, sondern eine Möglichkeit, spirituell in die Tiefe zu gelangen – ohne Willensanstrengung, ohne Krampf, ohne Muss, ohne »Du sollst«. Rilkes Gedichte führen, weil sie geistige Energie besitzen. Aber sie führen nicht ins weltfremde Abseits, sondern in die Tiefe der Dinge. Die Auseinandersetzung mit Rilkes Gedichten ist keine vertane, sondern eine verdichtete Zeit.

Deshalb ganz direkt gefragt: Wie kommt Buddha in die Welt eines Europäers wie die von Rainer Maria Rilke? Was interessiert einen Mann wie ihn, einen der größten Lyriker europäischer Literatur des 20. Jahrhunderts, ausgerechnet an Buddha? Welche Erkenntnisse werden in ihm wach, wenn er den Buddha betrachtet, wenn er über Buddha spricht? Kennt er eine so uralte, komplexe Religion wie den Buddhismus? Hat er sich mit Buddha befasst: mit Weg, Werk und Welt? Was wissen wir darüber? Welche Dokumente sind vorhanden?

Fragen genug! Sie schicken mich auf Entdeckungsreise, lassen mich ein neues Kapitel schreiben im unabgeschlossenen Prozess meines Nachdenkens über »Weltreligionen im Spiegel der Weltliteratur«. Dieser Prozess wird hier fortgesetzt, der bereits zu einer kleinen Studie über Rilkes Islam-Erfahrung auf den Reisen durch Nordafrika und Spanien führte[1], zu Untersuchungen über Lessings Auseinandersetzung mit dem Islam[2] und zu Adolf Muschgs Beschäftigung mit dem Zen-Buddhismus[3].

Drei Gedichte zu Buddha besitzen wir von Rilkes Hand. Es sind kostbare Stücke. Viele Buddha-Gedichte hat die deutschsprachige Literatur nicht aufzuweisen, auch im 20. Jahrhundert nicht. Wir kennen Buddha-Gedichte von *Gottfried Benn (1886-1956)* und *Bertolt Brecht (1898-1956)* aus den dreißiger Jahren[4], vom expressionistischen Dramatiker *Georg Kaiser (1878-1945)*[5] aus den vierziger Jahren, entstanden im Schweizer Exil, wo Kaiser seine letzten sieben Jahre verbringt, schließlich von *Hermann Hesse (1877-1962)* aus den fünfziger Jahren[6], als Hesse sich unter dem Einfluss seines Vetters und Japanologen Wilhelm Gundert erneut mit dem Buddhismus in Gestalt des Zen-Buddhismus befasst. Aber Rilkes Texte sind von besonderem Zauber, von besonderer Tiefe, von besonderem Hintergrund. Sie schicken mich auf die Reise, auf Spurensuche. Und von dieser Reise, von dieser Suchbewegung will dieses Buch erzählen. Es ist die Geschichte eines einzigartigen Dialogs.

Karl-Josef Kuschel

1. Ein ungewöhnliches Paar: Rilke und der Buddha

Rilke-Gedichte sind mir seit Langem vertraut. Ich besitze sie, wie sie mich besitzen. Eigentümlich ihre Sprache, unverwechselbar ihr Ton, zupackend ihre sachliche Prägnanz.

Die »Neuen Gedichte« - Spiegel Europas

Wie könnte ich je ein Gedicht wie »Der Panther« vergessen?

> »Sein Blick ist vom Vorübergehen der Stäbe
> so müd geworden, daß er nichts mehr hält.
> Ihm ist, als ob es tausend Stäbe gäbe
> und hinter tausend Stäben keine Welt.« (I, 469)

So die ersten vier Zeilen. Wie könnte ich nicht angesprochen sein von Rilkes Gedicht auf eine »Blaue Hortensie«?

> »So wie das letzte Grün in Farbentiegeln
> sind diese Blätter, trocken, stumpf und rauh,
> hinter den Blütendolden, die ein Blau
> nicht auf sich tragen, nur von Ferne spiegeln.« (I, 481)

So beginnt dieses Sonett. Wie könnte ich unberührt bleiben von einem Gedicht wie »Römische Fontäne«?

> »Zwei Becken, eins das andre übersteigend,
> aus einem alten runden Marmorrand,
> und aus dem oberen Wasser leis sich neigend
> zum Wasser, welches unten wartend stand.« (I, 489)

So die erste Strophe.

»Der Panther«, »Blaue Hortensie«, »Römische Fontäne«: Alle drei Texte sind in Rilkes Sammlung der »Neuen Gedichte« nachzulesen. Zwei Bände gibt es davon. Sie erscheinen noch vor dem Ersten Weltkrieg, 1907 und 1908. Asien? Nein, die Welt des alten Europa ist hier präsent. Rilke hat sie sich selber auf rastlosen Reisen quer durch den Kontinent erschlossen. »Schauplätze« seiner Gedichte sind Paris und Rom, Brügge und Neapel, Capri und Venedig, St. Petersburg und Dijon. Figuren entnimmt Rilke römischen, griechischen und biblischen Überlieferungen. Aber Buddha?

Drei »Buddha«-Gedichte

Doch in derselben Sammlung »Neuer Gedichte« finden sich auch drei Texte zu Buddha. Unerwartet. Zwischen einem Gedicht wie »Tod des Dichters« und einem Poem auf eine Engelsfigur an der Kathedrale im französischen Chartres plötzlich dieser Text: »Buddha«. So der Titel, ganz lapidar. Voraus gehen Gedichte über zwei Figuren des Alten Testamentes, David und Josua, sowie drei Figuren des Neuen Testamentes: über den »verlorenen Sohn«, über den leidenden Christus im »Öl-baum-Garten«, über Maria, Jesu Mutter, im Zustand ihrer Schmerzen: »Pieta«. Dann plötzlich *Buddha*:

> »Als ob er horchte. Stille: eine Ferne …
> Wir halten ein und hören sie nicht mehr.
> Und er ist Stern. Und andre große Sterne,
> die wir nicht sehen, stehen um ihn her.
>
> O er ist Alles. Wirklich, warten wir,
> daß er uns sähe? Sollte er bedürfen?
> Und wenn wir hier uns vor ihm niederwürfen,
> er bliebe tief und träge wie ein Tier.
>
> Denn das, was uns zu seinen Füßen reißt,
> das kreist in ihm seit Millionen Jahren.
> Er, der vergißt was wir erfahren
> und der erfährt was uns verweist.« (I, 462)

Beim zweiten »Buddha«-Gedicht nicht anders. Soeben war man im selben Band der »Neuen Gedichte« noch von Rilke nach Versailles und Paris entführt worden, hatte sich durch Texte wie »Treppe der Orangerie« und »Marmor-Karren« bezaubern lassen, dann ein rasanter Szenenwechsel: *Buddha*.

> *»Schon von ferne fühlt der fremde scheue*
> *Pilger, wie es golden von ihm träuft;*
> *so als hätten Reiche voller Reue*
> *ihre Heimlichkeiten aufgehäuft.*
>
> *Aber näher kommend wird er irre*
> *vor der Hoheit dieser Augenbraun:*
> *denn das sind nicht ihre Trinkgeschirre*
> *und die Ohrgehänge ihrer Fraun.*
>
> *Wüßte einer denn zu sagen, welche*
> *Dinge eingeschmolzen wurden, um*
> *dieses Bild auf diesem Blumenkelche*
>
> *aufzurichten: stummer, ruhiggelber*
> *als ein goldenes und rundherum*
> *auch den Raum berührend wie sich selber.« (I, 489)*

Und kaum ist dieses Sonett verklungen, wieder ein abrupter Wechsel. Rom: Villa Borghese. Paris: Jardin du Luxembourg. Flandern: ein Turm in der Stadt Furnes.

Deshalb immer wieder dieses Staunen, dieses Zögern und Sich-Wundern. Rilke und Apoll? Das passt zusammen. Rilke und Sappho, Orpheus, Alkestis? Das kann man erwarten. Rilke und Christus? Auch diese Verbindung ist stimmig, bedenkt man, dass Rilke schon früh einen Zyklus von »Christusvisionen« schrieb (5, 127-169). Selbst ein »Mohammed«-Gedicht (I, 582f.), einer der wenigen Texte auf den Gründer des Islam in der deutschen Literatur überhaupt, fällt nicht wirklich aus dem Rahmen. Denn nicht der Islam als Religion ist hier Thema, sondern der Moment der »Berufung« eines Menschen zum Propheten, gottgewollt, gotterfüllt.

Ohnehin stehen der ergriffene Prophet und der inspirierte Künstler für Rilke in einer tiefen inneren Verbindung.[7]

Aber der Buddha ist keine prophetische Gestalt wie Mohammed und kein Erlöser wie Christus. Was also beschäftigt Rilke, wenn er »Buddha« begegnet und dieser Begegnung Sprache verleiht? Wie müssen wir das dritte Buddha-Gedicht verstehen: »Buddha in der Glorie«? So wichtig erscheint Rilke dieser Text, dass er ihn ans Ende des zweiten Bandes der »Neuen Gedichte« setzt. Er gibt diesem Gedicht das Gewicht eines Schlusspunkts, und zwar für den gesamten Zyklus der »Neuen Gedichte«. Das werden wir zu bedenken haben. Doch zunächst auch hier der Wortlaut:

> »Mitte aller Mitten, Kern der Kerne,
> Mandel, die sich einschließt und versüßt, –
> dieses Alles bis an alle Sterne
> ist dein Fruchtfleisch: Sei gegrüßt.
>
> Sieh, du fühlst, wie nichts mehr an dir hängt;
> im Unendlichen ist deine Schale,
> und dort steht der starke Saft und drängt.
> Und von außen hilft ihm ein Gestrahle,
>
> denn ganz oben werden deine Sonnen
> voll und glühend umgedreht.
> Doch in dir ist schon begonnen,
> was die Sonnen übersteht.« (I, 586)

Gründe genug also, gute Gründe, der Sache auf den Grund zu gehen, mit der Spurensuche zu beginnen und eine Zeitreise anzutreten. Wir beginnen mit der Frage, ob Rilke den Buddhismus gekannt hat. Was wissen wir darüber? Welche Dokumente sind vorhanden?

2. Was weiß Rilke vom Buddhismus?

Paris, 4. September 1908. Brief an *Clara Westhoff*, an die Frau und Künstlerin, mit der Rilke seit 1901 verheiratet ist. Der Briefschreiber berichtet zunächst von der Lektüre eines besonderen Buches. Es ist der »Briefwechsel mit einem Kind« von Bettine von Arnim aus dem Jahr 1835. Rilke setzt sich zunächst kritisch mit dem Liebesverständnis dieses Buches auseinander, ja äußert spielerisch sogar den kühnen Gedanken, diese Briefe selber »beantworten« zu mögen. Das wäre »wie eine Himmelfahrt geworden, ohne Scham, vor aller Augen«, begeistert er sich. Um dann die uns besonders interessierende Passage anzufügen:

> »*Das spricht vielleicht wieder für das augenblickliche Widerspiel unserer Wege: dass ich an diesem Buch (Bettines) lerne, während Buddha warten muss. Urteils nicht ab, bitte, lass mich gelten und hab Vertrauen. Verlang nichts anderes von mir, auch nicht im Geiste. Ich fühle es sonst, und es legt sich auf eine Stelle meines Herzens, die arglos sein soll.*«[8]

Vier Tage später ein weiterer Brief an Clara, *8. September 1908*:

> »*Eben bekam ich, Liebe, ein sehr schönes Exemplar von ›den Reden‹, mit einem schwarzen Wildlederrücken, der auf zwei malachitgrünen Lederstreifen die Aufschrift trägt. Ich danke Anna Jaenecke und Dir von Herzen für diese große Gabe; und im Anschluss an das, was ich neulich schrieb, möchte ich noch sagen: Ich weiß, was ich empfing. Ich schlugs auf, und schon bei den ersten Worten, irgendwelchen gerade aufgeschlagenen Worten, schauerte michs um, als gings auf in einem goldenen Saal, in dem nichts ist als das*

Ebenmaß. Warum ich mich zurückhalte vor dieser stillen, nur angelehnten Tür; warum in mir diese neue zögernde Gebärde aufkommt, die Dich so stark befremdet? – es mag sein, dass es um des Malte Laurids willen geschieht, den ich zu lange aufgeschoben habe.«[9]

Diese beiden Briefe enthalten einige bemerkenswerte Informationen, die für uns wichtig sind:

Stichwort Paris: Im September 1908 lebt Rilke erneut in der französischen Hauptstadt. Er wohnt im Hôtel Biron, Nr. 77, Rue de la Varenne, und ist mit seinen 33 Jahren mittlerweile ein in Deutschland viel beachteter Dichter. 1905 war sein »Stundenbuch« erschienen. 1907 der erste Band der »Neuen Gedichte«. Gegenwärtig ist Rilke dabei, einen zweiten Band zusammenzustellen, der Ende 1908 erscheinen wird. Gleichzeitig arbeitet er an einem großen Prosawerk, »Die Aufzeichnungen des Malte Laurids Brigge«.

Stichwort Anna Jaenecke: Clara Westhoff hatte von Mitte August bis Ende September 1908 diese ihre auf Gut Großburgwedel (bei Hannover) lebende Freundin besucht, um Auftragsarbeiten für die Familie Jaenecke auszuführen. Beide Frauen hatten ein Exemplar »der Reden« Buddhas zu lesen begonnen und Clara empfiehlt diese Lektüre ihrem Mann mit Nachdruck. Doch von Anfang an wehrt Rilke ab, zunächst mit Hinweis auf den Briefroman *Bettine von Arnims*, dann, als er das Buch als Geschenk der beiden Frauen in Händen hält, mit Verweis auf die Arbeit am »Malte«. Der »Buddha« müsse warten, erklärt er und bittet darum, nicht vorschnell zu urteilen. Denn an seiner Faszination für das Werk lässt er keinen Zweifel. Nur schon bei »den ersten Worten« habe ihn geschaudert, »als gings auf in einen goldenen Saal, in dem nichts ist als Ebenmaß«.

Stichwort »große Gabe«: Bei dem »schönen Exemplar von ›den Reden‹« handelt es sich um eine 1907 vom Münchner Piper-Verlag herausgegebene Übersetzung der Reden Buddhas durch *Karl Eugen Neumann*, und zwar um den ersten Band der sogenannten »Längeren Sammlung«.[10] Buddhas Welt ist damit wie nie zuvor im Raum deutscher Sprache präsent, und Karl Eugen Neumann hat mehr als andere dafür getan. Seine geistes- und kulturgeschichtliche Leistung für die Vermittlung buddhistischer Geistigkeit in den deutschsprachigen Raum ist nur vergleichbar mit der von Arthur Schopenhauer. Deshalb ist, bevor wir auf Neumann näher eingehen, ein Wort zum Buddhismus-Verständnis Schopenhauers (und daran anschließend Nietzsches) sinnvoll. Das Nötigste zum Bild des Buddhismus unter maßgebenden deutschen Denkern muss hier vorausgeschickt werden, um Rilkes Buddha-Bild später adäquat werten zu können.

Schopenhauer: der »Buddha von Frankfurt«

Arthur Schopenhauers (1788-1860) Bedeutung für die Wirkung von Hinduismus und Buddhismus im deutschen Sprachraum kann zwar kaum überschätzt werden, »Indien« aber gibt Schopenhauer nichts, was er nicht vorher schon gewusst hätte. »Indien« hat ihn vielmehr darin bestärkt, dass seine Grundüberzeugung vom menschlichen Dasein geistige und kulturgeschichtliche Wurzeln hat, die weit älter sind als das Christentum. Zentrale Schriften indischer Geistigkeit (wie die »Upanishaden«) bestätigen Schopenhauer zum Beispiel in der Überzeugung vom Illusions- und Nichtigkeitscharakter aller Wirklichkeit. In völligem Kontrast zu der noch von Hegel, seinem großen Zeitgenossen und Antipoden in der Philosophie, vertretenen abendländischen Tradition eines Primats der Idee, des Geistes und der Vernunft, setzt Schopenhauer an dessen Stelle den Primat des »Willens«, dargelegt in seinem Hauptwerk »Die Welt als Wille und Vorstellung« (1819; 2., erw. Aufl. 1844).

»Wille« und »Vorstellung«: beides Schlüsselbegriffe in Schopenhauers Denken. Gemeint ist: Zwar ist und bleibt die sinnliche Welt unsere »Vorstellung«, daran hält Schopenhauer mit Kants Erkenntniskritik unzweideutig fest. Zu ihr aber drängt uns ein irrationaler, blinder »Wille«, der unserem Bewusstsein nur bedingt zugänglich ist. Dieser »Wille« ist das »Ding an sich«, von dem Kant gesprochen hatte, d.h. das eigentliche Wesen hinter den Erscheinungen der Dinge, und alles in Raum und Zeit sinnlich Wahrnehmbare ist Manifestation dieses Willens. Indem dieser Wille aber in sich irrational und blind ist, ist menschliches Dasein grundsätzlich leidvoll. Denn täuschen lassen sich Menschen durch die Macht dieses Willens. Nach Glück lässt er sie verlangen, nach Freuden und Genüssen. Dabei aber kaufen sie sich alle Schattenseiten des Lebens mit ein, alles an Qual, Pein und Jammer. Der Wille zum Leben spaltet also. Die Lebensgier setzt immer neue Unzufriedenheiten frei. Der Drang nach etwas führt zu immer neuen Bedürfnissen. Ein Verhängnis das Ganze, eine schuldhafte Verstrickung, vererbt von Generation zu Generation. Nichtsein wäre dem Sein entschieden vorzuziehen.

Von daher versteht sich, weshalb Schopenhauer in einem entscheidenden Punkt eine innere Verbindung zwischen Buddhismus, Christentum und seiner Philosophie erkennen kann. Denn was ist Christentum – richtig verstanden?

> »*Der innerste Kern und Geist des Christentums ist mit dem des Brahmanismus und Buddhismus derselbe: sämtlich lehren sie eine schwere Verschuldung des Menschengeschlechts durch sein Dasein selbst; nur dass das Christentum hiebei nicht wie jene älteren Glaubenslehren direkt und unumwunden verfährt, also nicht die Schuld geradezu durch das Dasein selbst gesetzt sein, sondern sie durch eine Tat des ersten Menschenpaares entstehen lässt.*«[11]

In der Vorstellung von einer *Erb-Schuld des Daseins* also sieht Schopenhauer eine Parallele zwischen seiner Philosophie und seinem Verständnis von Buddhismus/Christentum, nur mit dem Unterschied, dass für Schopenhauer *jedes* Dasein in sich schuldhaft-leidvoll ist und das Christentum dafür die Geschichte vom ersten Sündenfall als »Erklärungsmythos« braucht. Nichtsein wäre unter diesen Daseins-Bedingungen dem Sein entschieden vorzuziehen.

Deshalb muss für Schopenhauer Ziel aller Philosophie *temporär* die Beruhigung des Leidens sein, zum Beispiel durch zweckfreie Betrachtung großer Kunst, durch Askese und Mitleid. *Prinzipiell* aber die Rücknahme, ja die Vernichtung des Lebenswillens. Nur ein sich selbst verneinender und damit selbst aufhebender Wille erlöst vom Dasein, und in dieser seiner Überzeugung glaubt sich Schopenhauer durch Schlüsselbegriffe indischen, insbesondere buddhistischen Denkens bestätigt:

- Der indische Schlüsselbegriff *sansara*? Drückt nicht schon er aus, dass der Mensch einem ewigen Zyklus von Selbst-Entfremdung unterworfen ist?
- Der indische Schlüsselbegriff *maya*? Drückt nicht schon er die Überzeugung aus, dass alle Wirklichkeit nur Schein ist, Täuschung? »Vorstellung« eben und damit Nicht-Wirklichkeit?
- Die vier Edlen Wahrheiten der Botschaft des Buddha: Was ist das Leiden? Wie entsteht das Leiden? Wie kann das Leiden überwunden werden? Auf welchem Weg wird diese Überwindung erreicht? Bestätigen sie nicht die grundsätzliche Leidgeprägtheit allen menschlichen Daseins?
- Die indische Formel *tat-tvam asi*, »dies bist du«? Ist sie nicht Ausdruck, dass alle Trennungen zwischen den Menschen (»Individuation«) illusionär sind und dass bei einer Aufhebung dieser Täuschung die Einstellung zum Gegenüber sich zu Mitleid und Nächstenliebe wandeln kann?

Von daher versteht man nun besser, warum sich Schopenhauer als erster deutscher Denker von Rang bewusst als »Buddhaist« bekennen kann. Eine Buddha-Statue in seiner Frankfurter Wohnung dokumentiert dies. Sie steht dort nicht zur exotischen Zierde, sondern als weltanschauliches Bekenntnis. In einem Brief vom 13. Mai 1856 »bekennt« der mittlerweile sechzigjährige Gelehrte denn auch:

»Der Buddha ist von seinem schwarzen Bezuge befreit worden, ist von guter Bronze, glänzt wie Gold, steht auf einer schönen Konsole in der Ecke: so dass jeder beim Eintritt schon sieht, wer in diesen ›heiligen Hallen‹ herrscht. Ist ein sehr seltenes Stück, wahrscheinlich aus Tibet.«

Sich selber hatte er längst dieser Herrschaft unterworfen. So empfahl Schopenhauer »täglich viermal mit Bewusstsein« eine »buddhaistische Erinnerung dieser Art: Dies ist Samsara, die Welt des Gelüsts und des Verlangens und daher die Welt der Geburt, der Krankheit, des Alterns und Sterbens: es ist die Welt, welche nicht sein sollte. Und dies ist hier die Bevölkerung des Samsara. Was könnt ihr also Besseres erwarten?«[12]

Solche Grundinformationen zu Schopenhauer müssen hier genügen. Sie erlauben in der Rückschau eine doppelte Wertung. Zweifellos hat Schopenhauer »wie kein anderer sich die größten Verdienste um die Verbreitung indischer Weisheit im Abendlande erworben. Niemand hat mit so edler Begeisterung wie er immer wieder auf die geistigen Schätze des Gangeslandes hingewiesen, niemand hat ihnen durch seine Schriften so viele Freunde im Westen erworben wie er«, so der große Tübinger Religionswissenschaftler Helmuth von Glasenapp in seinem noch heute lesenswerten Buch »Das Indienbild deutscher Denker« (1960)[13]. In der Tat dürfte es kaum jemanden in Deutschland gegeben haben, dessen *intellektuelles* Interesse für den Buddhismus nicht durch Schopenhauer beeinflusst ist. Andererseits hat Schopenhauer den Buddhismus auf verhängnisvolle Weise mit Lebenspessimismus, Willensverneinung und Weltflucht identifiziert und so ein Lebensgefühl gerechtfertigt, das nicht der aktiven gesellschaftlich-politischen Veränderung der leidvollen Zustände, sondern der unpolitisch-passiven Hinnahme Vorschub leistet, bestenfalls einem Individualismus des Mitleids.

Nietzsche: Buddhismus als Nihilismus

Das gilt in anderer Weise auch für das Buddhismus-Bild *Friedrich Nietzsches* (1844-1900), das wir hier ebenfalls kontrastierend in aller gebotenen Kürze einschalten. Anfangs ist auch er von Schopenhauer tief beeinflusst, durchschaut aber je länger, desto entschiedener dessen Askese- und Mitleid-Ethos als Irrweg, als Scheinlösung für die nachmetaphysische Grundsituation des modernen Menschen. Da wollte er, Nietzsche, ganz andere Konsequenzen aus dem auch für ihn feststehenden Faktum des »Todes Gottes« ziehen.

Gottesglauben beruht auf Schwäche des Menschen, davon ist Nietzsche überzeugt, ausgebeutet durch die Herrschaft christlicher Priester. Christliche Moral erscheint vor diesem Hintergrund als Instrument der Schwachen zur Unterdrückung der Starken. »Mitleid« und »Liebe« sind Ausdruck einer das Leben schwächenden Dekadenz-Moral. Diese hat ihren Ursprung in dem mit Angst und Rachsucht gepaarten Neid der Schwachen und Schlechtweggekommenen. Sie hassen die großen, autonomen Individuen wegen ihrer schöpferischen Kraft und Selbstmächtigkeit. Die Priester machen sich dieses Ressentiment zunutze. Sie erfinden einen jenseitigen Gott, als dessen Stellvertreter und Sprachrohr sie Macht ausüben und die Masse mittels einer alle auf ein Mittelmaß reduzierten »Herdenmoral« gefügig machen. Statt der Zügelung oder Verneinung des Willens kommt es auf dessen Befreiung an!

In diesem Kontext einer *Radikalkritik am Christentum* findet nun auch der Buddhismus bei Nietzsche Beachtung, und zwar kulturgeschichtlich vor allem als Kontrast zur christlichen Überlieferung. Eine Schlüsselrolle spielt dabei ein Mann namens *Paul Deussen* (1845-1919), mit dem Nietzsche seit den gemeinsamen Schülertagen im Elite-Internat Schulpforta (bei Naumburg) eine Freundschaft verbindet, die ein Leben lang halten wird.[14] Deussen seinerseits steht ebenfalls unter dem Einfluss Schopenhauers. Dessen Indien-Rezeption hatte auch ihn inspiriert, in asiatisches Denken einzudringen, jetzt aber auf streng wissenschaftlich-philologischer Basis. Schon während seines Studiums in Bonn (nach dem Abitur 1864) entdeckt Deussen das Sanskrit, dessen Kenntnis er später durch Studien in Genf vervollkommnet. Mehr noch: Nachdem Schopenhauer 1860 stirbt, wird Deussen zu *dem* Anwalt schopenhauerischer Philosophie in Deutschland schlechthin. 1911 wird er eine eigene Schopenhauer-Gesellschaft gründen und im selben Jahr mit der Herausgabe einer ersten historisch-kritischen Gesamtausgabe beginnen. Mehr noch: Deussens philologische Kompetenz führt zu bahnbrechenden, bis heute Maßstäbe setzenden Übersetzungswerken, darunter »Die Sutra's des Vedanta« (1887) sowie »Sechzig Upanishad's des Veda« (1897), letzteres Werk erschienen zu einer Zeit, als Deussen bereits als Philosophie-Professor von Berlin, wo er sich 1881 für indische und griechische Philosophie habilitiert hatte, nach Kiel berufen ist. Hier wird er von 1889 bis 1919 zwanzig Jahre lang höchst erfolgreich lehren.

Welches Bild vom Buddhismus tritt uns aus Nietzsches Schriften entgegen? Auf Einzelheiten der Genese können wir uns hier nicht einlassen.[15] Schlüsselbedeutung haben ganz zweifellos einige Abschnitte aus Nietzsches letzter großer religionskritischer Schrift aus dem Jahre 1888 (die Nummern 18 bis 23). Das Werk trägt den Titel »Der Antichrist« und ist inhaltlich genau das, was der Untertitel signalisiert: ein »Fluch auf das Christentum«. Um aber diesen »Fluch« noch zwingender zu machen, arbeitet Nietzsche religionsvergleichend. Kontrastiv stellt er Buddhismus und Christentum gegenüber. Gewiss: Beide sind für ihn »nihilistische«, d.h. »lebensverneinende« Größen und insofern »décadence-Religionen«.

Der Buddhismus ist in Nietzsches Wahrnehmung eine Religion für »späte Menschen«, eine Religion für den »Schluss und die Müdigkeit der Zivilisation«. Aber im Vergleich zum Christentum schneidet der Buddhismus noch wesentlich besser ab. Warum?

Der Buddhismus hat Nietzsche zufolge schon das erreicht, was das Christentum noch vor sich hat: Er kennt bereits keinen Gott mehr, und damit keinen Schöpfer, keinen Erlöser, keinen Richter. Er hat von daher die »Selbst-Betrügerei der Moral-Begriffe« bereits hinter sich gelassen, steht somit »jenseits von Gut und Böse«. Gewiss: Leben ist auch für Buddhisten »leidvoll«, das aber ist eine empirische Feststellung und wird nicht wie im Christentum auf »Sünde« zurückgeführt. So versteht sich, warum Nietzsche sagen kann: »Der Buddhismus ist hundertmal kälter, wahrhafter, objektiver. Er hat nicht mehr nötig, sich sein Leiden, seine Schmerzfähigkeit *anständig* zu machen durch die Interpretation der Sünde – er sagt bloß, was er denkt, ›ich leide‹.« (Nr. 23)

Im Vergleich zum Christentum also ist der Buddhismus »hundertmal realistischer« (Nr. 20), das ist Nietzsches Überzeugung. Und zu diesem Realismus gehört, dass in dieser Religion »Güte, das Gütig-sein« nicht als moralische Forderung, sondern als »gesundheit-fördernd« angesehen wird: »Gebet ist ausgeschlossen, ebenso wie die Askese; kein kategorischer Imperativ, kein *Zwang* überhaupt, selbst nicht innerhalb der Klostergemeinschaft (– man kann wieder hinaus –). Das alles wären Mittel, um jene übergroße Reizbarkeit zu verstärken. Eben darum fordert er auch keinen Kampf gegen Andersdenkende; seine Lehre wehrt sich gegen nichts mehr als das Gefühl der Rache, der Abneigung des *ressentiment* (– ›Nicht durch Feindschaft kommt Feindschaft zu Ende‹: der rührende Refrain des ganzen Buddhismus ...)« (Nr. 20). Vollends ist damit der Buddhismus stilisiert zur hellen Kontrastfolie eines als düster, repressiv und moralisch belastend erlebten Christentums. Und diesen Kontrast fasst Nietzsche noch einmal so zusammen:

»Die Voraussetzung für den Buddhismus ist ein sehr mildes Klima, eine große Sanftmut und Liberalität in den Sitten, kein Militarismus; und dass es die höheren und selbstgelehrten Stände sind, in denen die Bewegung ihren Herd hat. Man will die Heiterkeit, die Stille, die Wunschlosigkeit als höchstes Ziel, und man erreicht *sein Ziel. Der Buddhismus ist keine Religion, in der man bloß auf Vollkommenheit aspiriert: das Vollkommne ist der normale Fall.*
Im Christentume kommen die Instinkte Unterworfener und Unterdrückter in den Vordergrund: es sind die niedrigsten Stände, die in ihm ihr Heil suchen. Hier wird als Beschäftigung, *als Mittel gegen die Langeweile die Kasuistik der Sünde, die Selbstkritik, die Gewissens-Inquisition geübt; hier wird der Affekt gegen einen* Mächtigen, ›Gott‹ *genannt, beständig aufrecht erhalten (durch das Gebet); hier gilt das Höchste als unerreichbar, als Geschenk, als* ›Gnade‹.*« (Nr. 21)*

Der Unterschied zu Schopenhauer liegt auf der Hand. Während sich Schopenhauer mit dem Buddhismus identifiziert, da er ihn in seinem Ethos der Lebens- und Willensverneinung bestätigt und bestärkt, sieht Nietzsche im Buddhismus eine Form des Nihilismus, die zwar vieles von dem schon hinter sich gelassen hat, was das Christentum noch verlieren muss, die aber dennoch *überwunden* werden muss zugunsten einer Bejahung des Lebens.

Wie ist Nietzsches Buddhismus-Bild von heute her zu werten? In aller Knappheit wird man dieses sagen müssen: Zwar bezieht Nietzsche wie Schopenhauer den Buddhismus kultur- und religionsvergleichend in sein Denken ein (ein damals für Europäer noch ungewohntes Verfahren), zugleich aber bleibt er abhängig von den indologischen Forschungen seiner Zeit, insbesondere von Deussens durch Schopenhauers Brille gelesenen indischen Philosophie des Vedanta. Der japanische Philosoph *Okochi Ryogi* hat deshalb recht, wenn er seine »Gedanken zu Nietzsche aus östlicher Sicht« kritisch so zuspitzt: »Da Nietzsche aber keinen unmittelbaren sprachlichen Zugang zum Buddhismus hatte, richteten sich seine Kenntnisse an dem Niveau der zeitgenössischen deutschen Indologie aus. Zugleich ist allerdings zu fragen, wie gründlich er (wie dies häufig bei einem schöpferischen Genie der Fall ist) die Bücher, die in seiner Bibliothek registriert sind, wohl gelesen hat. Seine Buddhismus-Kenntnis bezieht sich, soweit man das aufgrund seiner Äußerungen beurteilen kann, auf den frühen indischen Buddhismus, d.h. den Hinayana- oder Theravada-Buddhismus. Der Buddhismus hat sich jedoch in 2500 Jahren in verschiedenen Kulturbereichen im Mahayana-Buddhismus entfaltet, nicht nur in Indien, sondern auch in Tibet, China, Vietnam, Korea und Japan. Vom heutigen Standpunkt des Mahayana-Buddhismus aus waren Nietzsches Kenntnisse also sehr einseitig.«[16]

Und Rilke? Liegt sein Buddhismus-Verständnis auf der Linie Schopenhauers oder Nietzsches? Zunächst ein Wort zum »Brückenbauer« des Buddhismus in den deutschen Sprachraum hinein, zu Karl Eugen Neumann. Wir können nicht belegen, ob Rilke mit Schopenhauers und Nietzsches Buddhismus-Verständnis vertraut ist, wohl aber konnten wir bereits zeigen, dass er über Karl Eugen Neumanns Werk informiert ist.[17] Wer aber ist nun dieser Karl Eugen Neumann?

Der Brückenbauer: Karl Eugen Neumann

Auch *Karl Eugen Neumann* (1865-1915), in Wien geboren, kommt über Schopenhauer zum Buddhismus, doch anders als dieser und genau wie Deussen erwirbt er in erster Linie philologische Kompetenz. Er ist es, der erstmals deutschsprachigen Lesern kanonische Schriften aus der Welt des Buddhismus zugänglich machen wird, Schriften, die zum so genannten *Pali-Kanon* gehören. Dieser Kanon umfasst normative Schriften des ältesten, des Theravada-Buddhismus, der heute vor allem in Sri Lanka, Thailand und Birma verbreitet ist. Erst im 5. Jahrhundert n. Chr. abgeschlossen, ist er in Pali verfasst, einer mittelindischen Sprache, und besteht aus drei Sammlungen, »Drei Körbe« genannt, da man die erste, auf Palmblättern geritzte Verschriftlichung der Lehre in Körben aufbewahrt hatte:

- *Erster Korb*: Er besteht aus zwei Hauptteilen: einem umfangreichen Regelwerk für die buddhistische Mönchsgemeinde *(Sangha)* sowie Illustrationen zu den Regeln anhand von Legenden und Fallbeispielen.
- *Zweiter Korb*: Er enthält die verkündete Lehre *(Dharma)*, bestehend aus mehreren tausend Lehrsprüchen *(Sutra)* des Buddha von unterschiedlicher Länge. Diese Sutras sind ihrerseits in fünf Sammlungen *(Nikāya)* eingeteilt: 34 längere Sutras, deren wichtigster Text die Schilderung der letzten Tage Buddhas und seines Todes ist. Dann 152 Sutras von mittlerer Länge, von denen einige zu den berühmtesten Episoden des Kanons gehören, wie die Lehrrede über Buddhas Erwachen. Darüber hinaus noch einmal fast 3000 Sutras: nach Gruppen geordnete Predigten, zu denen auch die Predigt vom In-Bewegung-Setzen des Rades der Lehre gehört.
- *Dritter Korb*: Er wird der »Korb der vertieften Lehre« genannt, im Deutschen auch als »Kanon der Scholastik« bezeichnet. Er gilt als jüngster Teil der Sammlung. Von besonderem Interesse ist ein Text, in dem abweichende Irrlehren von den herrschenden Dogmen diskutiert werden. Der Buddhismus ist hier bereits Gegenstand akademischer Forschung und Lehre geworden.

Und *Karl Eugen Neumann*? Er wird in eine jüdische Familie hineingeboren, in der sein Vater Angelo freilich, zunächst Tenor an der Wiener Hof-Oper, dann Theater-Direktor in Leipzig und Prag, bereits konvertiert ist. Rilke hat *Angelo Neumann* (1838-1910), seit 1888 künstlerischer Leiter der beiden deutschsprachigen Bühnen in Prag, noch kennengelernt. Denn anfangs sieht er sich in seiner Heimatstadt noch als Dramendichter. Unter Neumann erlebt sein Stück »Im Frühfrost« eine erfolgreiche Premiere, ohne dass Rilkes Theaterkarriere damit eine längere Dauer beschieden wäre. Eine Verbindung zu Angelos Sohn Karl Eugen dagegen ist nicht belegt. Wir wüssten gern Genaueres, zumal Angelo Neumann ein Bewunderer *Richard Wagners* ist (1878 inszeniert er in Leipzig den »Ring der Nibelungen«), der eine Zeit lang den Buddhismus favorisiert. Gibt es hier Einflüsse auf den Sohn? Wir wissen es nicht.

Wir wissen aber: Während einer Banklehre Anfang der 1880er-Jahre in Berlin gerät Neumann in den Bann schopenhauerischen Denkens. Das führt zu dem Entschluss, sein Leben künftig den buddhistischen Urschriften zu widmen. Dazu aber muss Sanskrit gelernt und ein Universitätsstudium absolviert werden. Rasch wird in Prag das Abitur nachgeholt und ab 1887 sieht man Neumann in Berlin und Halle Indologie und Philosophie studieren. In Berlin ist neben Paul Deussen *Hermann Oldenberg* (1854-1920) einer seiner Lehrer, ein Mann, der bahnbrechende Werke zum Leben Buddhas und zur Religion der Veden geschrieben hatte. Wissenschaftsgeschichtlich gebührt Oldenberg das Verdienst, aus den zahlreichen legendarischen und mythischen Überlieferungen den Prinzensohn Siddhartha Gautama als durchaus *historische* Persönlichkeit »rekonstruiert« zu haben, nachzulesen in seiner 1881 erschienenen Buddha-Biografie. Ihm verdankt Neumann wohl den entscheidenden Hinweis auf die Pali-Quellen.

Mit 26 Jahren, 1891, dem Jahr seiner Promotion an der Universität Leipzig, hatte Neumann zu publizieren begonnen. Seine erste eigene religionsvergleichende Studie trägt den Titel: »Die innere Verwandtschaft buddhistischer und christlicher Lehren«. Zwei Reden des Buddha vergleicht er darin mit einem Traktat des deutschen Mystikers *Meister Eckhart* (ca. 1260 bis ca. 1328). Schon Schopenhauer hatte sich auf diesen Dominikanermönch des Mittelalters berufen, aber Neumanns detaillierter Vergleich macht Eckhart endgültig zu einer Bezugsfigur im buddhistisch-christlichen Dialog. Dann 1892 eine erste »Buddhistische Anthologie« mit Lehrreden Gautama Buddhas aus dem Pali-Kanon, gefolgt 1893 von einer Übersetzung der Spruchsammlung *Dhammapada* unter dem Titel »Der Wahrheitspfad. Ein buddhistisches Denkmal. Aus dem Pali in den Versmaßen des Originals übersetzt«.

Neumann siedelt nach England über, versucht eine Stelle in Indien zu finden, was scheitert, ihn aber nicht daran hindert, 1894 auf eigene Verantwortung nach Indien und Ceylon zu reisen, wo er enge Kontakte zu gelehrten buddhistischen

Mönchen knüpft, die Heimat des Buddha am Himalaya besucht und sich vor Ort eine gründliche Kenntnis indischer Geistigkeit verschafft. Aus Asien zurück, geht er an die Universität seiner Heimatstadt Wien. *Georg Bühler* lehrt hier. Doch dieser Indologe stirbt schon 1898, was Neumann, 33-jährig, dazu zwingt, künftig das Leben eines Privatgelehrten zu führen. Als obendrein 1906 noch die Bank in Konkurs geht, auf der seine Ersparnisse liegen, wird Neumann mittellos. Um überleben zu können, muss er seine einzigartige Bibliothek verkaufen, darunter die thailändische Ausgabe der Schriften des Theravada-Buddhismus, die er als Geschenk vom König von Thailand erhalten hatte.

Unter diesen miserablen Lebensverhältnissen entsteht eines der größten Werke deutscher Übersetzungskultur: die vollständigen *Buddha-Reden* aus der »*Mittleren Sammlung*« (*Majjhima-Nikāya*) und der »*Längeren Sammlung*« (*Dīgha-Nikāya*) *des Pali-Kanons. Thomas Mann* wird sie später »zu den größten Übersetzungstaten« rechnen, die dem deutschen Volk widerfuhren, »vergleichbar der Shakespeare-Übersetzung von Tieck und Schlegel«.[18] *Gerhart Hauptmann* wird urteilen, der Buddhismus sei durch Neumanns Werk »in Form eines bewunderungswürdigen Sprachdenkmals gegenwärtig geworden« und habe jetzt »Heimatrecht im deutschen Kulturbereich« gewonnen.[19] Ähnlich der Philosoph *Edmund Husserl*, Begründer der »Phänomenologie« und Lehrer Martin Heideggers in Freiburg: »Buddhismus, in Form eines bewunderungswürdigen Sprachdenkmals gegenwärtig geworden, ist nun seines Heimatrechts im deutschen Kulturbereich nicht mehr zu entkleiden.«

Bei mehr als dreißig Verlagen hatte sich Neumann um eine Publikation bemüht. Unter kommt er schließlich mit seiner »Mittleren Sammlung« bei dem kleinen theosophischen Verlag Wilhelm Friedrich in Leipzig, wo sie zwischen 1896 und 1902 erstmals erscheint, und zwar unter dem Titel: »Die Reden Gotamo Buddhos aus der mittleren Sammlung des Majjhimānikyo des Pāli-Kanons, zum ersten Mal übersetzt von Karl Eugen Neumann«. Doch erst als 1907 und 1912 der Piper-

Verlag in München die ersten beiden Bände der »Längeren Sammlung« publiziert und nach dem Ersten Weltkrieg 1918 den dritten Band, gefolgt 1919 von einer Neuausgabe der »Mittleren Sammlung« (dreibändig) in einer schon graphisch ungewöhnlichen, an Gebet- und Meditationsbücher erinnernden Form (mit zwei weiteren Auflagen 1921 und 1922), wird man auch in breiteren intellektuellen Kreisen auf Neumanns »Buddho-Verdeutschung« aufmerksam. Doch da ist der Übersetzer bereits tot. 1915 war er gestorben, gerade einmal 50 Jahre alt.

DIE REDEN
GOTAMO
BUDDHOS

AUS DER MITTLEREN SAMMLUNG
MAJJHIMANIKĀYO DES PĀLI-KANONS
ZUM ERSTEN MAL ÜBERSETZT VON
KARL EUGEN NEUMANN

ERSTER BAND
ERSTES HALBHUNDERT

MÜNCHEN 1922 * R. PIPER & CO.

Stimmen zum Buddhismus: Hofmannsthal, Zweig, Hesse

Nach Ende des Ersten Weltkriegs aber sollte Neumanns Stunde schlagen. Die geschichtliche Katastrophe und der kulturelle Zusammenbruch in Europa befördern den Einfluss asiatischer Geistigkeit. *Reinhard Piper*, legendärer Gründervater des Münchner Piper-Verlags, hatte mit seiner Ausgabe die richtige Witterung. Seinen Lebenserinnerungen, 1947 unter dem Titel »Vormittag« erschienen, entnehmen wir, wie die Verbindung zu Karl Eugen Neumann zustande kam. Neumann persönlich hatte er nie kennengelernt, wohl aber sich schon früh in dessen Übersetzungen vertieft – mit einer zeittypischen (»schopenhauerischen«) Haltung des »Weltschmerzes«. Diese aber sei, so Piper, keineswegs nur »eine Erscheinung der Pubertätsjahre« gewesen. Sie sei vielmehr Ausdruck eines »zeitlos tiefen Gefühls«, in dem die Geister aller Zeiten übereingestimmt hätten: Buddha, die griechischen Tragiker, Michelangelo, Pascal, Jean Paul, Schopenhauer. Reinhard Piper wörtlich: »Die ›Meeresstille des Gemüts‹, zu der die Buddho den Weg zeigt, erschien mir als ein Ziel, aufs innigste zu wünschen.«[20] So erklärt sich seine Suche nach Karl-Eugen Neumann:

> »Ich bin Karl Eugen Neumann nie persönlich begegnet. Er war der Sohn des Prager und später Leipziger Theaterdirektors Angelo Neumann, eines frühen Vorkämpfers des Wagner'schen Opernwerks. War das Leben des Vaters ganz Aktivität nach außen gewesen, so hatte sich das des Sohnes mit gleicher Intensität nach innen gekehrt. Er lebte mit seiner Frau und seiner alten Mutter völlig zurückgezogen nur seiner großen Aufgabe. Am Morgen seines 50. Geburtstages starb er, – wie erst geraume Zeit danach bekannt wurde, durch Freitod.
> Was ich schon lange geplant hatte, kam nun zur Ausführung. Ich sammelte seine bei mehreren Verlegern verstreuten Übersetzungen und vereinigte so in meinem Verlag das gesamte deutsche Buddho-Werk. Ein begeisterter Schüler Neumanns, selbst ein Kenner des Urtextes, half mir, es mehr und mehr durchzusetzen ... Dichter, Philosophen, Historiker legten Zeugnis ab für die Bedeutung des Werks.«[21]

Und die Zeugnisse *sind* eindrucksvoll. *Stefan Zweig* zum Beispiel, einer der damals erfolgreichsten Schriftsteller deutschsprachiger Zunge, schreibt in einer Buchbesprechung: »Ohne sich der Lehre zu bekennen, ohne ihr geistig überhaupt nahezutreten, nur im Sinne der Größe und der Schönheit wirkt ihr künstlerisches Ethos offenbarend, und in den geistigen Himmel unserer Welt tritt mit diesen Reden ein neu-uraltes Sternzeichen, deutbar und unfasslich zugleich, schön in seiner Ferne und fern in seiner Schönheit.«[22] Mehr noch: Kein Geringerer als *Hugo von Hofmannsthal* widmet der Neumann'schen »Übertragung der buddhistischen heiligen Schriften« 1921 einen längeren Essay mit dem Versuch, das Eindringen des Buddhismus in Europa geistes- und kulturgeschichtlich zu verorten. Für Hofmannsthal bietet das »Überzeitliche« des »großen Orients« dem »getriebenen Westen« die Chance, zu den Wurzeln der eigenen Kultur zurückzukehren. Buddha erscheint ihm als das Symbol einer in sich ruhenden Überzeitlichkeit. In den »Reden des Buddha« erkennt er dies:

> *»Die geistige Kraft, die in ihnen sich äußert und so in der ersten wie in der letzten Zeile, ist nur mit der Kraft des Elefanten zu vergleichen; aber sie sind ganz ohne pathetische Anspannung. Sie sind Alles umfassend, aber nicht aufregend. Sie sind zeitlos, haben keine Eile, vorzudringen; und in dieser Verschmähung der Zeit offenbaren sie sich. Ihr Inhalt ist ein einziger Gedanke. Die Tonart ist Dur, so hell gehalten und geistig heiter, wie nie ein Ton die europäische Seele getroffen hat; der Stil aber, so wie er nur in diesem einzigen Werke anzutreffen, so auch nur aus diesem Werke abzuleiten und zu fassen; dennoch lässt er sich mit den einfachsten Worten aussprechen: ›So hat eben, ihr Menschen, der Vollendete diese Art Dinge durchaus angeschaut‹.«[23]*

Noch deutlicher in seiner Stellungnahme ist *Hermann Hesse*, der sich schon vor dem Ersten Weltkrieg auf buddhistisches Gedankengut eingelassen hatte.[24] Gerade jetzt, zu Beginn der 1920er-Jahre, ist er mit dem Abschluss seiner »Indischen Dichtung« befasst, die 1922 unter dem Titel »Siddhartha« erscheinen und in der die Figur des Buddha eine Schlüsselrolle spielen wird, ohne dass Hesses »Held« trotz Namensgleichheit mit dem geschichtlichen Buddha (Siddhartha Gautama) verwechselt werden dürfte oder gar die Nachfolge des Buddha angetreten hätte. Hesses »Siddhartha« geht seinen *eigenen* Weg.

Aber Hesse ist der richtige Mann, um Neumanns Leistung einzuordnen und zeitgerecht zu würdigen. 1921 bespricht er Neumanns Werk für die »Neue Rundschau«. Gewiss: »Endlose Wiederholungen« in den Predigten Buddhas stellten eine Zumutung für einen europäischen Leser dar, meint Hesse. Manche hätten sich »durch diese ruhigen, endlos fließenden Betrachtungsreihen an Gebetsmühlen erinnert« gefühlt. Was den Kritiker freilich nicht daran hindert, Neumanns Leistung vor gegenwärtigem Zeithorizont in Europa zu preisen:

> »Die geistige Welle aus Indien, die in Europa, speziell in Deutschland, seit hundert Jahren wirksam war, ist nun allgemein fühlbar und sichtbar geworden; man kann über Tagore und über Keyserling denken, was man will, die Sehnsucht Europas nach der seelischen Kultur des alten Ostens ist eklatant geworden.
>
> Psychologisch gesprochen: Europa beginnt an mancherlei Verfallserscheinungen zu spüren, dass die hochgetriebene Einseitigkeit seiner geistigen Kultur (sie äußert sich am deutlichsten im wissenschaftlichen Spezialistentum) einer Korrektur bedarf, einer Auffrischung vom Gegenpol her. Die allgemeine Sehnsucht gilt nicht einer neuen Ethik oder einer neuen Denkweise, sondern einer Kultur jener seelischen Funktionen, welchen unsere intellektualistische Geistigkeit nicht gerecht geworden ist. Die allgemeine Sehnsucht gilt nicht so sehr Buddha oder Lao Tse oder dem Yoghitum. Wir haben erfahren, dass der Mensch seinen Intellekt bis zu erstaunlichen Leistungen kultivieren kann, ohne dadurch der eigenen Seele Herr zu werden.
>
> In diese Tage fällt das Erscheinen der langerwünschten Neuausgabe von Karl Eugen Neumanns meisterhafter Übertragung der Reden Buddhas … Wir besitzen in diesen drei Bänden eine deutsche Übersetzung der dem Buddha zugeschriebenen Reden, deren Gründlichkeit und Vollständigkeit, deren Einfühlungsvermögen und innere Treue hohen Ruhm verdient.«[25]

Wir wollen und können hier Neumanns Übersetzungsleistung nicht diskutieren. Heutige Indologie sieht die Größe, aber auch die Grenzen von Neumanns Übertragungs-Unternehmen.[26] Wir wollen uns aus den Zeugnissen Stichworte merken, die zur Profilierung von Rilkes Buddha-Bild später von Nutzen sein werden. *Reinhard Piper* spricht von der »Meeresstille des Gemüts«, zu der der Buddha den Weg gewiesen habe. *Stefan Zweig* vergleicht die Reden Buddhas mit einem »neu-uralten Sternzeichen, deutbar und unfasslich zugleich, schön in seiner Ferne und fern in seiner Schönheit«. *Hugo von Hofmannsthal* spricht von der »geistigen Kraft«, die sich in den »Reden Buddhas« äußere. Sie seien »alles umfassend«. Wir werden uns dieser Stichworte erinnern, wenn wir die Entdeckungsreise zu Rilkes Buddha hinter uns haben.

Ein seltener Fall: Buddha-Gedichte ohne Buddhismus-Studium

Zurück noch einmal nach Paris in den September 1908. Noch einmal der Wortlaut des Briefes von Rilke an *Clara Westhoff*:

> »*Eben bekam ich, Liebe, ein sehr schönes Exemplar von ›den Reden‹, mit einem schwarzen Wildlederrücken, der auf zwei malachitgrünen Lederstreifen die Aufschrift trägt. Ich danke Anna Jaenecke und Dir von Herzen für diese große Gabe; und im Anschluss an das, was ich neulich schrieb, möchte ich noch sagen: Ich weiß, was ich empfing. Ich schlugs auf, und schon bei den ersten Worten, irgendwelchen gerade aufgeschlagenen Worten, schauerte michs um, als gings auf in einem goldenen Saal, in dem nichts ist als das Ebenmaß. Warum ich mich zurückhalte vor dieser stillen, nur angelehnten Tür; warum in mir diese neue zögernde Gebärde aufkommt, die Dich so stark befremdet? – es mag sein, dass es um des Malte Laurids willen geschieht, den ich zu lange aufgeschoben habe.*«[27]

Wir fragen: Können wir uns auch Rilke als Leser der Neumann'schen »Buddho-Verdeutschung« vorstellen? Sein erster Leseeindruck zeugt doch von Betroffenheit und lässt eine tiefere Beschäftigung mit dem Buddhismus vermuten. Wir fragen also: Sind die drei Buddha-Gedichte Ergebnis einer 1908 erstmals dokumentarisch nachweisbaren tieferen geistigen Auseinandersetzung Rilkes mit Person und Lehre Gautama Buddhas? Müssen wir uns Rilke als einen Mann vorstellen, der irgendwann seine »Zurückhaltung« (1908 noch mit der Arbeit am »Malte« entschuldigt) aufgibt, um dann die »nur angelehnte Tür« zum Buddhismus weit aufzustoßen, so weit, dass er zu den drei genannten Buddha-Texten fähig wird? Immerhin hatte er im Jahre 1908, als er den 1. Band der »Längeren Sammlung« des Piper Verlags empfohlen bekommt, früher als viele andere von Neumanns Werk Kenntnis, früher als Stefan Zweig, Hugo von Hofmannsthal, Thomas Mann und Hermann Hesse. Was diese erst *nach* dem ersten Weltkrieg registrierten, hat Rilke vorausgewusst, so dass wir weiter fragen dürfen: Kennt Rilke dann auch die bahnbrechenden Arbeiten der deutschen Buddhologie und Indologie? *Hermann Oldenbergs* Buddha-Biografie? *Paul Deussens* Übersetzungen vedantischer Schriften? *Leopold von Schroeders* Vorlesungszyklus »Indiens Literatur und Cultur in historischer Entwicklung« (1887)?

Doch Tatsache ist: Als Rilke im September 1908 auf das Neumann'sche Werk aufmerksam wird, hatte er seine drei Buddha-Gedichte bereits geschrieben. Deren Geschichte werden wir hier erzählen. Jetzt genügt die grundsätzliche, aber folgenreiche Feststellung: Rilke schreibt seine Buddha-Gedichte, ohne sich je vorher intellektuell, d.h. religionsgeschichtlich und religionsvergleichend, mit dem Buddhismus auseinandergesetzt zu haben. Denn auch andere Zeugnisse über eine Beschäftigung mit dem Buddhismus vor (und auch nach) den Buddha-Gedichten haben wir nicht. Wie aufschlussreich wäre ein Einblick in die Privatbibliothek Rilkes zu dieser Zeit. Aber sein gesamter, vornehmlich in Paris angesammelter Buchbestand von *vor* 1914 geht während des Ersten Weltkriegs verloren, unfreiwillig durch eine Zwangs-Versteigerung. Welch ein Jammer! Dennoch ist die Vermutung gut begründet: Was Rilke von Buddha und vom Buddhismus schon *vor* der Abfassung der Gedichte gewusst haben mag, dürfte kunsthistorischer oder ikonographischer Natur gewesen sein. Die frühen Berliner Jahre (1897-1901), die Rilke formell als Student der Kunstgeschichte verbringt, hatten ihm viele Museumsbesuche ermöglicht; gewiss auch Kenntnisse von ostasiatischer Kunst, die er in Paris zweifellos weiter vertiefen kann.

In der Person Rilkes haben wir somit den einzigartigen Fall vor uns, dass ein Dichter kongeniale Buddha-Gedichte schreiben kann (allein aufgrund von *Anschauung*, wie wir sehen werden), ohne je eine Zeile buddhistischer Literatur gelesen zu haben. Er selber war sich dessen wohl bewusst. Wie anders wären seine Äußerungen im genannten Brief zu verstehen: »Ich weiß, was ich empfing«? Rilke hatte sich die Buddha-Gestalt gedanklich und sprachlich bereits »anverwandelt«. Er hatte *seinen* Dialog mit dem Buddha schon hinter sich.

3. Die Spur führt zu Rodin nach Paris

Wir können jetzt noch schärfer fragen: Verraten Rilkes Buddha-Texte wirklich etwas über Gestalt und Wesen des Buddha? Und: Warum entstehen diese Gedichte gerade in den Jahren vor dem Ersten Weltkrieg? Wenn nicht über Bücher und Texte, wie ist es dann zur Begegnung Rilkes mit Buddha gekommen? Wenn nicht eine geschichtliche und kulturelle Katastrophenerfahrung (wie Hesse sie beschrieb), was hat dann sein Interesse an Buddha ausgelöst?

Worpswede – Clara Westhoff – Rodin

Noch einmal Paris. Die Spur führt uns in die Welt eines der größten Bildhauer seiner Zeit: *Auguste Rodin* (1840-1917). Meisterhafte Plastiken und monumentale Figurengruppen wie »Der Denker«, »Das Höllentor«, »Die Bürger von Calais« oder »Der Kuss« lassen ihn bis heute als herausragenden Vertreter seiner Kunst erscheinen. Von Rilkes Beziehung zu ihm müssen wir erzählen, um die Buddha-Spur verfolgen zu können.

Auf Rodin war Rilke schon 1897 durch ein befreundetes Berliner Künstler-Ehepaar, *Sabine und Reinhold Lepsius*, aufmerksam geworden. Dann vor allem durch Kontakte nach Worpswede, einer kleinen Künstler-Kolonie in einem Dorf bei Bremen, die Rilke nach zwei Russland-Reisen mit *Lou Andreas-Salomé* im August des Jahres 1900 erstmals besuchte. Der Maler *Heinrich Vogeler* hatte ihn eingeladen, ein Mann, den Rilke von einem gemeinsamen Aufenthalt in Florenz her kennt. Zwei Jahre ist das her. Hier in Worpswede trifft er auf eine Künstlergemeinschaft, die ihm sowohl vom einfachen Lebensstil als auch vom künstlerischen Selbstverständnis her entspricht. Grund genug, seine literarischen Fähigkeiten für eine Prosa-Arbeit über diese Gruppe zu nutzen, zumal Rilke vom Schreiben und entsprechenden Aufträgen leben muss. Liebevolle kleine Porträts der hier lebenden Künstler entstehen: von *Otto Modersohn, Fritz Mackensen, Fritz Overbeck, Hans am Ende* und *Heinrich Vogeler*. Die Niederschrift des Manuskriptes erfolgt im Mai 1902. Erscheinen wird das Buch im Frühjahr 1903 unter dem elementaren Titel »Worpswede« in einer vom Verlag Velhagen & Klasing (Bielefeld – Leipzig) herausgegebenen Reihe mit Künstler-Monografien.

Worpswede aber hatte für Rilke auch noch andere Konsequenzen. Hier lernt er zwei Künstlerinnen kennen, die eine besondere Rolle in seinem Leben spielen sollten. Da ist die Malerin *Paula Becker*, ein Jahr jünger als Rilke, 1876 in Dresden geboren. Nur 31 Jahre wird sie alt werden und ein bedeutendes, aber tragischerweise unvollendetes Werk hinterlassen. Sie wird im Mai 1901 *Otto Modersohn* heiraten, mehrfach zur künstlerischen Weiterbildung nach Paris reisen, damals die europäische Hauptstadt moderner Kunst schlechthin. Im November 1907 wird sie ihrer Tochter Mathilde das Leben schenken, doch nur wenige Tage später an den Folgen einer Embolie sterben. Rilke, schockiert über den plötzlichen Tod einer begnadeten Künstlerin, wird ihr, *Paula Becker*, eines seiner großen »Requien« widmen: »Requiem für eine Freundin« (1909; I, 414-421).

Und da ist *Clara Westhoff*, drei Jahre jünger als Rilke, Tochter eines Bremer Kaufmanns. Als Malerin hatte sie sich in München und Worpswede, als Bildhauerin in Leipzig bei *Max Klinger* ausbilden lassen, bevor sie um den Jahreswechsel 1899/1900 (zeitweise zusammen mit ihrer Freundin *Paula Becker*) Monate in Paris verbringt. In der von Rodin gegründeten privaten Bildhauerschule, dem »Institute Rodin«, Boulevard du Montparnasse Nr. 132, hatte sie weitere Ausbildung erfahren. Auch zu Rodin persönlich war eine Verbindung entstanden. Am 28. April 1901 heiraten Rilke und Clara Westhoff. Sie beziehen zunächst ein kleines

Bauernhaus in Westerwede, einem Nachbardorf Worpswedes, das ihnen *Heinrich Vogeler* einrichtet. Am 12. Dezember 1901 wird ihr einziges Kind geboren, Ruth, ohne dass die eheliche Verbindung sich stabilisiert. Das Kind wächst weitgehend bei Claras Eltern in Oberneuland bei Bremen auf. Von Rilke früh getrennt, lebt Clara Westhoff von 1919 ab in Fischerhude bei Bremen, wo sie im März 1954 im Alter von 76 Jahren stirbt. 28 Jahre sollte sie Rilke überleben.[28]

Auguste Rodin und sein Werk sind Thema in Worpswede, wie Tagebucheintragungen Rilkes vom September und November 1900 belegen, zumal im Mai 1901 auf der Internationalen Kunstausstellung in Dresden gleichzeitig Werke Clara Westhoffs und Rodins gezeigt werden. Rilke, der dringend weitere Auftragsarbeiten braucht, liebäugelt noch während der Arbeit am »Worpswede«-Manuskript mit einer neuen Künstler-Monografie, diesmal über Rodin. Als ihm im Juni 1902 für eine »Sammlung illustrer Monographien« ein entsprechendes Angebot gemacht wird, greift er zu. Notwendig aber ist jetzt eine eigene Reise nach Paris, was erklärt, dass Rilke schon am 28. Juni 1902 einen ersten brieflichen Kontakt mit Rodin aufnimmt. 27 Jahre ist Rilke »jung«, Rodin 35 Jahre älter. Entsprechend nähert sich der Jüngere dem »Meister« zunächst noch in der Haltung eines unerfahrenen Schülers:

> »*Verehrter Meister,*
> *ich habe es unternommen, für die neuen Kunst-Monographien, die Professor Richard Muther herausgibt, den Band zu schreiben, der Ihrem Werk gewidmet ist. Einer meiner sehnlichsten Wünsche ist damit in Erfüllung gegangen, denn die Gelegenheit, über Ihre Werke zu schreiben, ist für mich eine innere Berufung, ein Fest, eine Freude, eine große und vornehme Aufgabe, auf die sich meine Liebe und mein ganzer Eifer richten.*« (R-R, 28)

Als Rodin Zustimmung signalisiert, macht sich Rilke auf den Weg. Am 28. August 1902 ist er in Paris, das erste Mal in seinem Leben! Noch ahnt er nicht, was diese

Stadt für ihn bedeuten wird. Neun Jahre (mit Unterbrechungen) wird er in ihr und mit ihr leben. Sie wird ihn stärker prägen als jede andere Stadt Europas.

Der erste Besuch in Meudon: September 1902

Die erste Erfahrung? Die Stadt ist abstoßend, befremdend, sie macht Angst. Von Anfang an ist Rilke alles andere als ein naiver Paris-Schwärmer. Scharf nimmt er die sozialen und wirtschaftlichen Zustände wahr. Eine solche Großstadt? Ein Albtraum! Rilke irrt durch die Straßen, sieht voller Beklommenheit die Armut, das Elend, die vielen Kranken:

> *»Mich ängstigen die vielen Hospitäler, die hier überall sind ... Man sieht Kranke, die hingehen oder hinfahren, in allen Straßen. Man sieht sie an den Fenstern des Hôtel-Dieu in ihren seltsamen Trachten, den traurigen blassen Ordenstrachten der Krankheit. Man fühlt auf einmal, dass es in dieser weiten Stadt Heere von Kranken gibt, Armeen von Sterbenden, Völker von Toten. Ich habe das noch in keiner Stadt gefühlt«,*

so die Eindrücke schon im ersten Bericht aus Paris an Clara Westhoff: 31. August 1902.[29] Diese Wahrnehmung der Scheußlichkeiten und Abgründigkeiten müssen wir im Bewusstsein halten, wenn wir später Rilkes Buddha-Erlebnis verstehen wollen. Es wird ein Kontrasterlebnis werden – ohne Realitätsverleugnung, ohne Wirklichkeitsverweigerung, ohne exotischen Eskapismus. Es vollzieht sich im vollen Wissen um den Albtraum Großstadt!

Nur einen Tag später, am 1. September 1902, eine erste Begegnung mit Rodin. Rilke sucht ihn in dessen Pariser Stadtatelier auf: Rue de l'Université Nr. 182. Am Tag danach, am 2. September 1902, eine erste Fahrt nach Meudon, einem Ort südwestlich von Paris, jenseits der Seine gelegen, unweit von Versailles. Im

Bahnhof Montparnasse besteigt Rilke einen Zug, und in nur 20 Minuten ist er am Ziel. In Meudon besitzt Rodin seit 1895 die »Villa des Brillants«. Das Haus ist auf einem Hügel gelegen und von einem großen Garten umgeben. Schön ist die Aussicht auf die Seine und das Fleury-Tal. Ohnehin ist die ganze Gegend ländlich-hügelig. Der Kontrast zur Megalopolis Paris könnte größer kaum sein. Rilkes erster Eindruck? Die Szenerie erinnert ihn an »italienische Weinberge«!

Dem glänzenden Namen zum Trotz ist Rodins Villa eine Enttäuschung. Rilke sieht ein relativ kleines, einstöckiges rotes Backsteinhaus mit gelblichem Rahmenwerk, einem steilen Dach und zwei hohen Kaminen. Die »Dreifensterfront« sehe auf die »malerische Unordnung« des Val Fleury hinaus, so Rilke noch am selben Tag, dem 2. September, an seine Frau Clara. Doch dann?

Rodins »Villa des Brillants« in Meudon

»Dann kommt man um die Ecke des kleinen rot-gelben Hauses und steht – vor einem Wunder, – vor einem Garten von Steinen und Gipsen. Sein großer Pavillon, derselbe, der auf der Ausstellung am Pont de l'Alma gestanden hat, ist nun in seinen Garten übertragen, den er scheinbar ganz ausfüllt, mit noch einigen Ateliers, in denen Steinhauer sind und in denen er selbst arbeitet. Dann sind noch Räume zum Tonbrennen und zu allerhand Handwerken. Es ist ein ungeheuer großer und seltsamer Eindruck, diese große helle Halle mit allen ihren weißen, blendenden Figuren, die aus den vielen hohen Glastüren hinaussehen wie die Bevölkerung eines Aquariums. Groß ist dieser Eindruck, übergroß. Man sieht, noch ehe man eingetreten ist, dass alle diese hundert Leben ein Leben sind, – Schwingungen einer Kraft und eines Willens.« (R-R, 42f.)

Es ist die Welt der großen Kunst, in die Rilke hier eintritt. Konfrontiert sieht er sich plötzlich mit einer schier unübersehbaren Fülle von Figuren und Figuren-Torsi, die alleamt aber von Kraft und Willen *eines* Mannes zusammengehalten werden. Eine selbstgeschaffene Welt aus »Steinen und Gips«. Sie atmet, sie lebt, sie pulsiert.

Mit »großer Pavillon«, der »auf der Ausstellung am Pont de l'Alma« gestanden habe, ist ein besonderes Gebäude gemeint. Ursprünglich stand es auf dem Gelände der Weltausstellung, die zwei Jahre zuvor, vom 15. April bis 12. November 1900, in Paris durchgeführt worden war – und zwar an der (noch heute existierenden) Seine-Brücke Pont de l'Alma, was den Namen erklärt: Pavillon de l'Alma. Von der Leitung der Weltausstellung zunächst abgewiesen, hatte der zu seiner Zeit als Künstler viel umstrittene Rodin diesen Pavillon, von Sponsoren gefördert, selber errichten und rund 170 eigene Werke dort ausstellen lassen. Bei Gelegenheit einer Weltausstellung hatte er auf eine Demonstration seines Werkes nicht verzichten wollen! 1901 lässt er den Pavillon abbauen und auf seinem vor Kurzem durch Ankauf erweiterten Grundstück zu Meudon erneut aufstellen. Hohe Fenster und Glastüren schaffen lichtdurchflutete Räume und machen so den Pavillon de l'Alma zu einem idealen Raum für Rodins bildhauerisches Werk.

Bis 3 Uhr nachmittags bleibt Rilke an diesem 2. September 1902 in Meudon. Noch weiß er nicht, dass dieser Ort Schicksal für ihn spielen wird. Nach 12 Uhr bittet Rodin zum Essen, bei dem Rilke auch Rodins damalige Lebensgefährtin und spätere Frau *Rose Beuret* kennenlernt. Als »mager, nachlässig, müde und alt« aussehende Frau nimmt er sie wahr. Anschliessend mit Rodin ein Gang in den Garten. Man setzt sich auf eine Bank und hat einen grandiosen Blick in die Landschaft bis nach Paris. Man spricht »von der Kunst, von den Händlern mit Kunst«, von Rodins »einsamer Stellung«. Noch hat Rilke Mühe, das Französisch des »Meisters« zu verstehen. Aber erste genauere Beobachtungen zu Rodins Arbeiten mit dem plastischen Kunstwerk werden möglich. Und welch eine »Offenbarung«:

Rose Beuret in Meudon

»*dieser Reichtum, diese unendliche, fortwährende Erfindung, diese Geistesgegenwart, Reinheit und Vehemenz des Ausdrucks, diese Unerschöpflichkeit, diese Jugend, dieses immer noch Etwas, immer noch das Beste zu sagen haben ... das ist ohnegleichen in der Geschichte der Menschen.*« (R-R, 43f.)

Rodins »Pavillon de l'Alma« in Meudon

Das Ethos des Künstlers

Eindrücke bekommt Rilke schon früh vor allem von *Rodins Arbeitsethos*, das für sein eigenes Schreiben von nachhaltiger Wirkung sein wird. Für Künstler vom Format eines Rodin braucht es nicht nur Intuition und Genie. Es braucht auch diszipliniertes und konzentriertes Arbeiten am Material, genaues Hinschauen, geduldiges Erfassen des Modells, unermüdliches Feilen am unfertigen Stück zu einem den Künstler befriedigenden Ergebnis. Erst im langsamen Prozess der Formung zeigt sich das Format des Künstlers. Was er tut, ist nicht Spielerei, sondern völlige Hingabe an die Kunst, Lebensentscheidung *für* die Kunst. An *Clara Westhoff* am 5. September 1902, schon in der Rückschau auf den ersten Besuch in Meudon:

> »*Er [Rodin] schwieg eine Weile und sagte dann, wunderbar ernst sagte er das: Oui, il faut travailler, rien que travailler. Et il faut avoir patience. Man soll nicht daran denken, etwas machen zu wollen, man soll nur suchen, das eigene Ausdrucksmittel auszubauen und alles zu sagen. Man soll arbeiten und Geduld haben. Nicht rechts, nicht links schauen. Das ganze Leben in diesen Kreis hineinziehen,* nichts *haben außerhalb dieses Lebens. Rodin hat das so gemacht. J'ai y donné ma jeunesse, sagte er. Es ist sicher so. Man muß das andere opfern. Der unerquickliche Hausstand Tolstois, die Unbehaglichkeit in den Zimmern Rodins: Das deutet alles auf dasselbe hin: daß man sich entscheiden muß, entweder das oder jenes. Entweder Glück oder Kunst.*« (R-R, 49f.)

»*Entweder Glück oder Kunst*«: ein bemerkenswertes Schreiben an diejenige Frau, die Rilke nur ein Jahr zuvor geheiratet hatte. Wussten damals beide wirklich, was sie taten? Oder war die Heirat unbedacht gewesen und hätte »nie nie geschehen dürfen«, wie Rilke später einmal schreiben wird?[30] Die Anspielung auf Tolstoj jedenfalls, den Rilke wenige Jahre zuvor noch bei einem Besuch auf dessen Gut in Jasnaja Polnaja persönlich kennengelernt hatte, kommt nicht von ungefähr. Denn die Ehetragödie dieses großen russischen Schriftstellers wiederholt sich offensichtlich im Hause Rodins. Die Beziehung zur eigenen Partnerin (Rose Beuret wird erst kurz vor Rodins Tod 1917 formell dessen Frau) wird geopfert auf dem Altar der Kunst! Selber will Rilke in diese Falle nicht tappen. Sein Hinweis auf den »unerquicklichen Hausstand« Tolstojs sowie die »Unbehaglichkeit in den Zimmern« Rodins ist überdeutlich.

Überdeutlich auch, dass Rilke sich mit einem solchen Schreiben aus einer dauerhaften ehelichen Beziehung ausklinkt – gemäß der Devise: Man muss sich entscheiden: »entweder Glück oder Kunst«![31] Entsprechend lautet die Gegen-Maxime: »Oui, il faut travailler, rien que travailler. Et il faut avoir patience«: »Ja, man muss arbeiten, nichts als arbeiten. Und man muss Geduld haben.« Rilke wird sich dies merken und daraus eigene Konsequenzen ziehen. Womit vollends klar ist: Rodin ist für Rilke mehr als nur ein »Objekt« seines Studiums, Gegenstand seines Schreibens. Rodin ist für ihn Lehrer für ein Leben als Künstler: »Nicht nur weil ich eine Studie machen wollte, bin ich zu Ihnen gekommen«, schreibt Rilke Rodin in diesen Tagen, »sondern um Sie zu fragen: Wie soll man leben? Und Sie haben mir geantwortet: Indem man arbeitet.« (R-R, 53)

Am 11. September 1902 ein weiterer Besuch in Meudon. Den ganzen Tag sitzt Rilke im Garten an einem stillen Platz, vor dem »die Weite herrlich aufgetan ist«, hat eine Kiste mit Zeitschriften vor sich und liest die entsprechenden Artikel über Rodin, der dieses Material gesammelt und ihm zur Einsicht überlassen hat. Anschließend noch einmal ein Essen, noch einmal ernste Gespräche. Dann fällt ein Wort, das uns, die wir die Buddha-Gedichte bereits kennen, aufhorchen macht. Ein Schlüsselwort zum Verständnis dieser Gedichte, wie wir sehen werden, hier im Anschauen von Rodin gewonnen: *Gleichgewicht*«. Erstmals im Brief an Clara vom 12. September 1902, dann auch am selben Tag in einem Brief an Rodin direkt:

»Sie sind der einzige Mensch auf der Welt, der, voller Gleichgewicht und
Kraft, sich zur Harmonie mit seinem Werk aufrichtet. Und wenn dieses Werk,
so groß, so gerecht, für mich ein Ereignis geworden ist, vor dem ich nur mit
vor Erschrecken und Verehrung zitternder Stimme werde erzählen können,
so ist es auch, wie Sie selbst – ein Beispiel, das meinem Leben, meiner Kunst
gegeben ist, allem, was an Reinstem auf dem Grund meiner Seele vorhanden
ist.« (R-R, 53)

Was tatsächlich auf dem Grund seiner Seele vorhanden ist und zur Sprache
drängt, zeigen Texte, die in diesen Wochen entstehen. Unter dem Eindruck der
Arbeiten Rodins ist Rilkes eigene künstlerische Kreativität nach längerer Zeit neu
erwacht. Sprache gibt er vor allem seiner Entfremdungserfahrung im Großstadt-
Komplex. Vier Tage nach dem zweiten Besuch in Meudon entstehen Verse, die
nichts an scharfer Auseinandersetzung mit der eigenen Zeit zu wünschen übrig
lassen, Klosterfantasien inklusive, die an den ersten Teil des »Stundenbuches«
erinnern, an das »Buch vom *mönchischen* Leben«:

> *»Ich will ein Kloster gründen; denn die Zelle*
> *ist ja der dunkle Anfang aller Dinge.*
> *Ich will ein Kloster bauen für Geringe,*
> *die sich nicht brüsten mit der neuen Zeit.*
> *Mit dieser Zeit des Drängens und der Drähte,*
> *mit dieser Zeit der rasenden Geräte,*
> *mit dieser Zeit, die siedet, schäumt und schreit.« (6, 758)*

»So fremd« sei »keinem seine Zeit« gewesen, fährt das Gedicht fort. Und gerade
weil dies so ist, ist Rilke, inspiriert vom Arbeitsethos des »Meisters«, zu poetischen
Kostbarkeiten fähig. Dazu gehört das Gedicht, das am 21. September 1902 geschrieben wird, zu einer Zeit, in der Rilke noch sein erstes Zimmer bewohnt, das
er in Paris gemietet hat: Rue Toullier Nr. 11, unweit des Jardin du Luxembourg.

Für Rilke-Kenner eine nachmals berühmte Adresse, da Rilke seinen Roman »Die Aufzeichnungen des Malte Laurids Brigge« – er wird 1910 erscheinen – mit dieser Zeit- und Ortsangabe beginnen lässt: »11. September, Rue Toullier«. Das Gedicht trägt den Titel *Herbsttag* und wird später zu Rilkes bekanntesten Texten gehören:

> »Herr: es ist Zeit. Der Sommer war sehr groß.
> Leg deinen Schatten auf die Sonnenuhren,
> und auf den Fluren laß die Winde los.
>
> Befiehl den letzten Früchten voll zu sein;
> gieb ihnen noch zwei südlichere Tage,
> dränge sie zur Vollendung hin und jage
> die letzte Süße in den schweren Wein.
>
> Wer jetzt kein Haus hat, baut sich keines mehr.
> Wer jetzt allein ist, wird es lange bleiben,
> wird wachen, lesen, lange Briefe schreiben
> und wird in den Alleen hin und her
> unruhig wandern, wenn die Blätter treiben.« (I, 281)

»Herbsttag« wird später Eingang finden in die zweite Ausgabe von Rilkes »Buch der Bilder« (1906).

Das Erwachen eigener künstlerischer Produktion beflügelt auch den Abschluss des Rodin-Manuskriptes. Zwischen Mitte November und Mitte Dezember 1902 wird es niedergeschrieben. Anfang Oktober ist Rilke in eine neue Wohnung gezogen. Clara ist nach Paris gekommen. Sie wohnen jetzt in der Rue de l'Abbé de l'Épée Nr. 3, nur wenige Straßen von der Rue Toullier entfernt, ebenfalls noch in Sichtweite des Jardin du Luxembourg.

Hier entsteht Anfang November 1902 eines derjenigen Gedichte, die dem Rilke'schen Werk einzigartiges Profil gegeben haben, wie wenige beeinflusst von Rodins Weise der geduldigen Anschauung und gründlichen Gestaltung der »Dinge«: *Der Panther*«, versehen mit dem Untertitel *Im Jardin des Plantes, Paris*«. Dieser »Pflanzengarten« ist von der Rue de l'Abbé de l'Èppée zu Fuss in knapp einer Stunde zu erreichen. Er bildet neben dem Jardin du Luxembourg die zweite große Parkanlage des linken Seine-Ufers. Noch heute werden in der »Menagerie« des Jardin des Plantes exotische Tiere gehalten:

> *»Sein Blick ist vom Vorübergehn der Stäbe*
> *so müd geworden, daß er nichts mehr hält.*
> *Ihm ist, als ob es tausend Stäbe gäbe*
> *und hinter tausend Stäben keine Welt.*
>
> *Der weiche Gang geschmeidig starker Schritte,*
> *der sich im allerkleinsten Kreise dreht,*
> *ist wie ein Tanz von Kraft um eine Mitte,*
> *in der betäubt ein großer Wille steht.*
>
> *Nur manchmal schiebt der Vorhang der Pupille*
> *sich lautlos auf -. Dann geht ein Bild hinein,*
> *geht durch der Glieder angespannte Stille -*
> *und hört im Herzen auf zu sein.«* (I, 469)

Über Weihnachten bleiben Rilke und Clara Westhoff in Paris, reisen im Januar für einige Tage in die Bretagne, wo sie den berühmten Wallfahrtsort Mont Saint Michel besuchen, und schon Ende Januar sitzt Rilke über den Druckfahnen seines »Rodin«. Rastlos geht auch die literarische Produktion weiter: Besprechungen für das »Bremer Tageblatt«, Gedicht-Entwürfe (6, 766-769) oder vollendete Gedichte, die sich dann wiederum in der zweiten Ausgabe von »Das Buch der Bilder« finden, hinzu kommt tagtäglich Korrespondenz.

Unter den Briefen dieser Zeit ragt ein Schreiben hervor, das mehr als andere etwas von Rilkes neu gewonnenem Verständnis als Künstler offenbart. Ein junger österreichischer Dichter namens *Franz Xaver Kappus* hatte sich an ihn gewandt, um ein Urteil über seine ersten Gedichte zu erhalten. Rilke erinnert dieser acht Jahre jüngere Absolvent der Militärakademie in der Wiener-Neustadt an seine eigene Militärschulzeit und seine ersten dort entstandenen dichterischen Versuche. So beginnt er am 17. Februar 1903 in Paris eine Korrespondenz, die sich bis in das Jahr 1908 hinziehen (mit Schwerpunkt in den Jahren 1903/04) und die drei Jahre nach Rilkes Tod 1929 separat in einem Büchlein erscheinen wird: »Brief an einen jungen Dichter« (IV, 514-548). Was Rilke bei Rodin gelernt hat, wendet er hier an. Entscheidend für den Dichter sei die Frage, ob man schreiben *müsse*, erklärt er mit neuem Selbstbewusstsein. Ein Kunstwerk sei dann gut, wenn es »aus Notwendigkeit« entstünde. Das ist bitter ernst gemeint: Not-Wendigkeit! Rilke wörtlich:

> »*Fragen Sie sich in der stillsten Stunde Ihrer Nacht:* Muss *ich schreiben? Graben Sie in sich nach einer tiefen Antwort. Und wenn diese zustimmend lauten sollte, wenn Sie mit einem starken und einfachen* ›Ich muss‹ *dieser ernsten Frage begegnen dürfen, dann bauen Sie Ihr Leben nach dieser Notwendigkeit; Ihr Leben bis hinein in seine gleichgültigste und geringste Stunde muss ein Zeichen und Zeugnis werden diesem Drange. Dann nähern Sie sich der Natur, dann versuchen Sie, wie ein erster Mensch, zu sagen, was Sie sehen und erleben und lieben und verlieren.*« (IV, 515)

Wir werden auf Schlüsselstellen dieses bedeutenden Dokuments von Rilkes Poetik noch einmal zurückzukommen haben.

Als Ende Februar 1903 die Abhandlung »Worpswede« wie angekündigt erscheint, spürt Rilke, welche Kraft ihn das letzte halbe Jahr gekostet hat. Kein Wunder, bei diesem unerbittlichen Selbstverständnis als Künstler. Er will weg aus Paris. Den Grund vertraut er einigen wenigen Versen an, die Anfang 1903 niedergeschrieben werden:

> *»Große Stadt mit Aufwand von Geräuschen*
> *rollst du laut und lachend um mich her.*
> *Deine Häuser glänzen, doch sie täuschen*
> *und das Wohnen wird in ihnen schwer.*
> *Wenn in deinen weitbewegten Nächten*
> *eine Stille plötzlich um sich greift*
> *wird es bang, als ob die Häuser dächten*
> *an das Elend, das in ihnen reift.*
> *Diese Stille ist nicht wie das freie*
> *weite Schwingen das auf Wäldern weht;*
> *alles ängstigt sich vor einem Schreie*
> *und der unerhörte Schrei entsteht.«* (6, 767)

Italien ist einmal mehr der Fluchtraum: Viareggio bei Genua, wo Rilke schon einmal, 1898, eine kreative Zeit verbracht hatte. Am 22. März 1903 trifft er hier ein. Gut fünf Wochen wird er bleiben. Das Meer tut ihm auch jetzt wieder gut. Denn in diesen Wochen ist er fähig, diejenigen Texte zu schreiben, die künftig den dritten Teil seines »Stundenbuches« bilden werden: *»Das Buch von der Armut und vom Tode«*. Wir werden im Zusammenhang mit Rilkes Großstadterfahrung auf dieses Buch noch einmal zurückzukommen haben.

4. Eine Buddha-Plastik in Meudon

In Viareggio erlebt Rilke das pünktliche Erscheinen von »Rodin«. Gewidmet ist das Buch »einer jungen Bildhauerin«. Seiner Frau Clara verdankt er schließlich die Verbindung in diese Welt der Kunst. Ein Exemplar geht nach Paris, worauf Rodin sich mit einem Brief bedankt, formal korrekt. Da er kein Deutsch versteht, kann er inhaltlich die Schrift nicht würdigen. Rilke selber ist am 1. Mai zurück in Paris. In der Rue de l'Abbé de l'Épée wird er vorerst bleiben – bis zu seiner Abreise am 1. Juli 1903.

Reisen und Roman: der »Malte«

Zwischen dieser Abreise und seiner Rückkehr nach Paris am 12. September 1905 werden mehr als zwei Jahre vergehen. Sie stehen für Rilke im Zeichen zweier Programmworte: Reisen und Roman. Von Frankreich aus waren Rilke und seine Frau zunächst nach Worpswede gefahren, dann zu Claras Eltern nach Oberneuland, um wieder einmal Zeit mit dem eigenen Kind zu verbringen. Dann, im August 1903, Antritt einer größeren Reise. Sie führt zunächst ins böhmische Marienbad, wo man Rilkes Vater wiedersieht, dann über Venedig und Florenz nach Rom. Am 10. September 1903 trifft man dort ein. Bleiben wird man bis in den Juni 1904.

Anfang Februar 1904 beginnt Rilke mit dem ehrgeizigsten Prosawerk, das er je unternehmen sollte: den »Aufzeichnungen des Malte Laurids Brigge«. Sechs Jahre wird es dauern, bis dieser Roman abgeschlossen sein wird. Heute zählt er zu den bahnbrechenden Werken moderner Romankunst. Immer wieder gerät die Arbeit ins Stocken. Erste Ansätze gelingen, werden verworfen, bis die Produktion ganz versiegt. Da kommt Rilke eine Einladung zupass, die neue Perspektiven verspricht, ausgesprochen durch die schwedische Pädagogin und Frauenrechtlerin *Ellen Key* (1849-1926), die sich mit ihrem Grundlagenwerk »Das Jahrhunderte des Kindes« (1902) einen Namen gemacht und sich durch Vorträge auch für eine Verbreitung des Werkes von Rilke in Skandinavien eingesetzt hatte. Ohnehin hatte Rilke unter dem Eindruck der Lektüre des dänischen Schriftstellers *Jens Peter Jacobsen* (»Niels Lyhne«, Roman 1880) und des dänischen Philosophen *Sören Kierkegaard* (»Tagebuch eines Verführers«) begonnen, die dänische Sprache zu erlernen.

Mitte Juni 1904 verlässt er Rom, reist in den Norden und trifft am 26. Juni im schwedischen Borgeby Gård ein, einem schönen schlossartigen Gutshof, der von *Hanna Larson und Ernst Nordlind* bewohnt wird, zwei Künstler-Freunden Ellen Keys. Er liegt im Raum der südschwedischen Metropole Malmö, in Nachbarschaft der Universitätsstadt Lund. Dann ein weiterer Aufenthalt von Anfang Oktober bis Anfang Dezember 1904 in Furuborg bei Jonsered im Raum Göteborg bei *James und Lizzie Gibson*, ebenfalls Freunden von Ellen Key. James Gibson ist Besitzer einer Textilfabrik und zugleich ein Mann weitgespannter kultureller Interessen. Entsprechend herzlich ist der Empfang. Biografen wie *Donald A. Prater* beschreiben Furuborg als »Heim« und »sicheren Hafen« für Rilke.[32] *Ralph Freedman* spricht von ungetrübter Freundschaft mit den Gibsons. Man habe über Kunst, Natur und Religion gesprochen, später gemeinsame Schlittenfahrten unternommen.[33]

Literarisch sind diese Monate freilich alles andere als ergiebig. Schwedische Reform-Schul-Experimente (»Samskola«) lernt Rilke kennen; publizistisch wird er sich dafür einsetzen (IV, 576-582). Als Schriftsteller aber kommt er kaum weiter. Die Reinschrift des zweiten Anfangs von »Malte« entsteht und wird später ebenfalls verworfen. Das eine oder andere Gedicht fällt ab, unter denen *»Abend in Skåne«* noch eines der besten ist. Skåne ist das schwedische Wort für Schonen, und Schonen das Wort für die südliche Provinz Schwedens:

»Der Park ist hoch. Und wie aus einem Haus
tret ich aus seiner Dämmerung heraus
in Ebene und Abend. In den Wind,
denselben Wind, den auch die Wolken fühlen,
die hellen Flüsse und die Flügelmühlen,
die langsam mahlend stehn am Himmelsrand.
Jetzt bin auch ich ein Ding in seiner Hand,
das kleinste unter diesen Himmeln. – Schau:

Ist das Ein Himmel?:
                    Selig lichtes Blau,
in das sich immer reinere Wolken drängen,
und drunter alle Weiß in Übergängen,
und drüber jenes dünne, große Grau,
warmwallend wie auf roter Untermalung,
und über allem diese stille Strahlung
sinkender Sonne.

                    Wunderlicher Bau,
in sich bewegt und von sich selbst gehalten,
Gestalten bildend, Riesenflügel, Falten
und Hochgebirge vor den ersten Sternen
und plötzlich, da: ein Tor in solche Fernen,
wie sie vielleicht nur Vögel kennen ...« (I, 286)

Dieses Gedicht wird später in der zweiten Auflage des »Buches der Bilder« (1906)
nachzulesen sein.

Wovon leben? Zum Thema Gönner und Geld

Aber wovon leben? Die Frage verschärft sich angesichts des bevorstehenden Winters, nachdem die Einladungen in Skandinavien »ausgelaufen« sind. Clara Westhoff und Rainer Maria Rilke verbringen den Winter 1904/05 in Oberneuland. Aber über eine finanziell ausreichende Existenzgrundlage verfügen beide nicht. Man muss sich – gerade aus heutiger Perspektive, da das Werk Rilkes »kanonisiert« ist und der Dichter Weltruhm genießt – immer wieder klarmachen, wie die konkreten Lebensverhältnisse Rilkes gerade vor dem Ersten Weltkrieg aussahen. Sie sind armselig und oft demütigend genug. Von einem geregelten Einkommen kann keine Rede sein, trotz finanzieller Unterstützung durch den Vater. Gelegentlich fallen kleine Honorare ab. *Fritz J. Raddatz*, selber ein erfahrener Schriftsteller, hat deshalb in seiner Biografie (2009) mit Recht noch einmal über Rilkes »finanzielle Verhältnisse« offen gesprochen – mit kritischen Anmerkungen zum heutigen Literaturbetrieb. Auf Details dieses durchaus widersprüchlichen Komplexes kann hier nicht eingegangen werden, aber so viel können wir ohne alle Stilisierung mit Raddatz festhalten: »Doch wie war das alles zu schaffen für einen Menschen ohne geregeltes Einkommen, der nur über kärgliche Gelegenheitshonorare für ein Gedicht, einen Artikel, eine Buchempfehlung verfügte; 50 Mark Monatsbezüge als eine Art Außenlektor des Berliner Axel-Juncker-Verlages? Drei Zeitschriften drucken im Jahr 1904 Arbeiten Rilkes – *Die Zukunft*, Berlin; *Deutsche Arbeit*, Prag; *Die Zeit*, Wien. Wie mochte das gereicht haben für die oft recht noblen Hotels, gar Wohnungen, für Bahn, Restaurants, Droschken. Es ist ja noch gute Weile, bis Rilke (ab 1910) eine Monatsrate von 500 Mark von Insel-Verleger Anton Kippenberg erhält, der ihm immer wieder bei Geldsorgen zur Seite sprang, und sei es in vornehmer Zurückhaltung: ›Sie schreiben, dass nur Gott oder die Schillerstiftung in dem bewussten Punkte helfen könne, und vergessen, dass es eine sehr wichtige Zwischeninstanz gibt, nämlich der Menschen ...‹.«[34]

Und Menschen helfen dann auch immer wieder. Schon in Schweden waren bei einer ärztlichen Untersuchung Mangelerscheinungen in Rilkes körperlicher Verfassung diagnostiziert worden. Rilke und Clara Westhoff entschließen sich, gemeinsam eine Kur anzutreten, und zwar im Sanatorium Dr. Lahmann auf dem »Weißen Hirsch« bei Dresden, wo man schon drei Jahre zuvor im Mai 1901 die »Flitterwochen« verbracht hatte. Ein kostspieliges Unterfangen, doch bei der Beschaffung der nötigen Mittel hilft Ellen Key einmal mehr. Rilke hatte ihr nicht zufällig die im Juni 1904 erschienene zweite Auflage seines Prosa-Bändchens »Die Geschichten vom lieben Gott« gewidmet. Doch Rilke weiß genau, in welcher Lage er sich befindet. Seinem Freund Gibson gegenüber spricht er Klartext:

> »Als meine kleinen Ersparnisse und was sonst da war aufgezehrt waren, da fiel auch ich in jenen Zustand fast unbeweglicher, hypnotisch erstarrter Hilflosigkeit, in denen mich dieser unbegreifliche Mangel jedesmal versetzt. Ich bekenne es nicht ohne Scham, dass ein gewisser Grad von aussichtsloser Armuth, der, wie ich weiß, andere zur Thätigkeit drängt, mich vollkommen lähmt [...] Aber wie das Geld in die Welt gekommen ist und was es will, kann ich nicht verstehen und bin diesem Kampfe nicht gewachsen.«[35]

Das klingt nicht nach berechnender Koketterie, einen »Gönner« zur Zahlung zu bewegen. Rilke hat sich in diesem Punkt viel Kritik anhören müssen. Von raffiniertem Schmarotzertum ist die Rede. Aber er will nun einmal ganz der Kunst leben. Einen »bürgerlichen« Beruf schließt er aus – im Wissen um das Risiko. Er ist nicht naiv. Er weiß genau: Armut ist eine Realität, oft aussichtslos. Rilke gesteht das »nicht ohne Scham«. Taktische Spielerei ist das nicht. Dazu ist die Lage zu ernst. Dennoch kann Rilke im selben Brief den Ausruf nicht unterdrücken: »Gibt es jemanden Reichen, den man für uns interessieren und gewinnen könnte?«

Wie die Fügung es will, erweist sich gerade der finanziell prekäre Sanatoriumsaufenthalt auf dem »Weißen Hirschen« als providentiell. Ellen Key hatte Rilke, ohne es zu wissen, einen »unersetzlichen Dienst« erwiesen, wie *Ralph Freedman* in seiner Biographie festhält. Denn die wenigen Wochen, die Rilke dort von Anfang

März bis Mitte April 1905 verbringt, wirken sich für sein Leben vorteilhaft aus. Sie verschaffen ihm »die Bekanntschaft einiger Aristokraten, die in der Folge zu wichtigen Förderern« werden.[36] Vor allem zwei Personen treten mit dem Dresdner Kuraufenthalt in Rilkes Leben. Da ist in erster Linie *Gräfin Luise von Schwerin (1849-1906)*, im Sanatorium »Weißer Hirsch« einer tückischen Krankheit wegen, der sie ein Jahr später im Alter von nur 57 Jahren erliegen wird. Das gegenseitige Interesse ist so stark, dass die Gräfin Rilke und dessen Frau auf ihr Schloss Friedelhausen bei Lollar an der Lahn, zwischen Gießen und Marburg gelegen, einläd.

Gerne greift Rilke auch diese Einladung auf. Nach einem kurzen Aufenthalt in Oberneuland (Tochter Ruth ist mittlerweile drei Jahre alt!), dann in Göttingen (wo Rilke nach Jahren der Trennung *Lou Andreas-Salomé* wiedersieht) und schließlich in Berlin (ein vierwöchiger Studienaufenthalt beim Soziologen und Philosophen *Georg Simmel*) trifft er auf Schloss Friedelhausen ein, wo er von Ende Juli bis Anfang September 1905 (zeitweise zusammen mit Clara) fast sieben Wochen verbringt. Der Vater der Gräfin Schwerin hatte 1851 Schloss Friedelhausen für seine englische (tragischerweise ebenfalls früh verstorbene) Frau Clara Phillips im Stil englischer Hochgotik erbauen lassen, Sitz der weitverzweigten Familie derer von Nordeck zur Rabenau.[37]

Zwar wird der Aufenthalt von der Erkrankung der Gräfin überschattet, aber Rilke lernt in ihrer Umgebung einen Kreis von Verwandten und Freunden kennen, die sein Werk zu schätzen wissen. So die Tochter der Gräfin Schwerin, Gudrun, und deren Mann *Jacob Baron Uexküll (1864-1944)*, Biologe und Naturforscher mit philosophischem Tiefgang, der den Begriff »Umwelt« im Zusammenhang mit der Verhaltensforschung in der Zoologie prägt. Außerdem die verwitwete Schwester der Gräfin, *Alice Faehndrich (1857-1908)*, der Rilke später zwei Aufenthalte auf der Insel Capri verdanken wird. Nicht zuletzt »Frau Nonna«, die in den nächsten Jahren in Rilkes Leben ebenfalls eine wichtige Rolle spielen wird: *Julie Freifrau von Nordeck zur Rabenau*, allseits geschätzte Stiefmutter der Gräfin Schwerin und ihrer Schwester. Sie alle bezeugen hohes Interesse an den Arbeiten des neuen Hausgastes.

Rilke seinerseits beschenkt den Kreis mit einer »Morgenandacht«, einem bemerkenswerten Text, für den es keine weitere Parallele in Rilkes Werk gibt (IV, 583f.). Wir suchen diesen kurzen Prosatext heraus und stoßen auf eine Passage, die später für das Verständnis von Rilkes Buddha-Gedichten von Bedeutung sein wird. Deshalb halte ich sie hier fest:

> »Geh hinein in dich und baue an deinem Schweren. Dein Schweres soll sein wie ein Haus in dir, wenn du selbst wie ein Land bist, das sich mit den Gezeiten verändert. Gedenke, dass du kein Stern bist: du bist keine Bahn.
> Du musst für dich selbst eine Welt sein und dein Schweres muss in deiner Mitte sein und dich anziehen. Und eines Tages wird es wirken über dich hinaus in seiner Schwerkraft auf ein Schicksal, auf einen Menschen, auf Gott. Dann kommt Gott in dein Schweres wenn es fertig ist. Und welche Stelle wüsstest du sonst, um mit ihm zusammenzukommen?« (IV, 584)

Auch zu Lesungen aus seinem Werk findet sich Rilke bereit. Ohnehin ist er soeben damit beschäftigt, sein »Stundenbuch« druckfertig zu machen. Auch ein Text aus dem Malte-Roman wird zu Gehör gebracht. Bezeugt ist, dass Rilke bei Kerzenschein auf dem Balkon des Schlosses denjenigen Abschnitt vorliest (später die 15. Aufzeichnung im »Malte«), der von Maltes Kindertagen auf Urnekloster und dem spektakulären Erscheinen von Christine Brahe an der Tafel des Großvaters handelt. Als Gräfin Schwerin Ende Januar 1906 ihrer Krankheit erliegt, schreibt Rilke ein Jahr später im Haus ihrer Schwester auf Capri zu ihrem Gedächtnis eines seiner eindrücklichsten Gedichte, welches die »Todes-Erfahrung« thematisiert, aufgenommen dann in den ersten Band der »Neuen Gedichte« (I, 480).

Genauso wichtig aber ist eine weitere Person, der Rilke auf Schloss Friedelhausen begegnet: der Berliner Privatbankier *Karl von der Heydt (1858-1922)*. Viele Jahre sollte er sein Gönner und Förderer sein.[38] Dieser wohlhabende Kunstsammler und wohlmeinende Schriftsteller hatte von Rilkes Aufenthalt bei den Schwerins erfahren und reist an, um den aufstrebenden jungen Dichter kennenzulernen. Karl von der Heydt wird nach Erscheinen des »Stundenbuches« eine begeisterte Kritik schreiben. Noch auf Friedelhausen spricht auch er eine Einladung aus. Rilke soll ihn auf der »Wacholderhöhe« in Godesberg besuchen, wo die von der Heydts ein Haus besitzen. Nicht ganz uneigennützig freilich, denn Rilke soll bei der Akquisition einer Rodin-Plastik behilflich sein. Rilke verspricht, an den Rhein zu kommen. Ohnehin trägt er sich mit dem Gedanken, erneut zu Rodin zu reisen. Für Oktober hatte er sich zu Rodin-Vorträgen in Dresden und Prag verpflichtet, da ist ihm ein Besuch in Paris noch einmal wichtig.

Der zweite Besuch in Meudon: September 1905

Von Schloss Friedelhausen aus schreibt Rilke am 26. August 1905 an Rodin:

> »Mein lieber Meister,
> Ihnen meine aufrichtigsten Grüße entbietend, frage ich bei Ihnen an, ob Sie Anfang September in Paris sein werden. Wenn meine Wünsche sich verwirklichen, werde ich gegen den 5. oder 6. September nach Paris gehen, um acht oder zehn Tage dort zu bleiben. Das Bedürfnis Sie wiederzusehen, mein Meister, und einen Augenblick lang das leidenschaftliche Leben Ihrer schönen Dinge zu leben, treibt mich dazu. Und darum wage ich es, mich zu vergewissern, dass Sie nicht auf Reisen sind. Wenn dieser Zeitpunkt Ihnen nicht zusagt, werde ich versuchen, meinen Aufenthalt auf später zu verschieben. Ich bin bei Freunden, die Sie lieben und Sie bewundern. Und ich denke an nichts anderes als an das Glück, das mich bei Ihnen, mein Meister, erwartet.« (R-R, 101f.)

Rodin zögert mit der Antwort nicht, ja, lässt Rilke sogar die Einladung übermitteln, für die Dauer seines Aufenthalts bei ihm zu wohnen. Rilke nimmt an, und am 12. September 1905, gut drei Jahre nach seinem ersten Besuch, trifft er abermals in Paris ein. Drei Tage später ein erneuter Besuch in Meudon.

In der Zwischenzeit hatte sich hier einiges verändert. Im Anschluss an den Pavillon de l'Alma hatte Rodin kleinere Häuser errichten lassen. Rilke findet jetzt ein »Häuschen« vor, ausschließlich für Besucher bestimmt: drei Räume, komfortabel eingerichtet, mit einem großartigen Ausblick hinunter auf das Tal der Seine. Ein Foto aus der Zeit lässt den Anbau an den Pavillon de l'Alma erkennen und somit das Häuschen, das Rilke in den folgenden Monaten bewohnen wird. Außerdem hatte Rodin durch eine Übersetzung endlich Einblick in die Monografie bekommen, und Rilke ist hochzufrieden. Rodin habe über sein Buch »das Größte gesagt, was man sagen« könne, berichtet er stolz noch am selben 15. September an Clara. Er habe es neben *seine* Dinge gestellt, ganz groß. Und was ihn persönlich betrifft?

> *»Ich habe ein kleines Häuschen ganz für mich: drei Räume: Schlafzimmer, Arbeitszimmer, Garderobe, mit entzückenden Dingen, voll Würde und dem Hauptfenster mit allen Herrlichkeiten des Sèvres-Tales, der Brücke, den Weiten mit ihren Dörfern und Dingen. Denk nur, wie gut ich es habe.«* (R-R, 108)

Rilkes »Häuschen« am »Pavillon de l'Alma«in Meudon

Und plötzlich ein Buddha-Bildnis

Dann die Überraschung. Vom Fenster seines kleinen Häuschens aus erblickt Rilke auf einem Hügel eine dort aufgestellte Buddha-Plastik. An Clara, 20. September 1905:

> »*Nach dem Abendessen zieh ich mich bald zurück, bin um ½ 9 längstens in meinem Häuschen. Dann ist vor mir die weite blühende Sternennacht, und unten vor dem Fenster steigt der Kiesweg zu einem kleinen Hügel an, auf dem in fanatischer Schweigsamkeit ein Buddha-Bildnis ruht, die unsägliche Geschlossenheit seiner Gebärde unter allen Himmeln des Tages und der Nacht in stiller Zurückhaltung ausgebend. C'est le centre du monde, sagte ich zu Rodin. Und dann sieht er einen so lieb an, so ganz Freund. Das ist sehr schön und sehr viel.*« (R-R, 111 f.)

Die Präsenz dieses Buddha registriert Rilke offenbar erst jetzt. Hatte diese Plastik im September 1902 hier noch nicht gestanden, als er mit Rodin erstmals den Garten aufsucht? Oder hatte er den Buddha damals nicht bemerkt? Oder Dritten gegenüber nichts von ihm berichtet, obwohl er ihn registrierte? Wir wissen es nicht. Erst der Brief vom 20. September 1905 gibt uns von der Existenz des Buddha Kenntnis. Und unser Interesse ist sofort erwacht. Wieso nennt Rilke den Buddha »centre du monde«, »Zentrum der

Der Buddha im Garten zu Meudon

Welt«? Und zwar schon in seiner allerersten Briefäußerung? Woher stammt dieser Buddha? Eine Arbeit Rodins? Eine Akquisition von außen? Und weiter: Um welche Darstellung eines Buddha handelt es sich, der da in »fanatischer Schweigsamkeit« ruht, und zwar mit einer »unsäglichen Geschlossenheit seiner Gebärde«? Die Entdeckungsreise geht weiter, ja sie beginnt jetzt erst richtig.

5. Die Weltausstellung in Paris 1900

Wer heute auf den Spuren Rodins und Rilkes nach Meudon fährt, trifft auf eine gründlich veränderte Situation. Heute stehen nur noch die Villa de Brillants und einige ursprünglich dazugehörige Werkstätten. Der Pavillon de l'Alma dagegen existiert nicht mehr. Schon 1931 wird er abgerissen, womit ein einzigartiger Schauplatz unwiderruflich verloren geht. Ersetzt ist er im unteren Teil des abschüssigen Gartengeländes durch eine große Halle, in der Gips-Modelle von großen Arbeiten Rodins ausgestellt sind. Außerdem zu sehen ist das Grabmal für Rodin und Rose Beuret, eine monumentale, ganz mit Efeu überwachsene Anlage. Das alles aber kann die ursprüngliche Gestaltung nicht vergessen machen. Welch ein Verlust! Glücklicherweise aber besitzen wir dokumentarische Fotos aus der Zeit, die uns zwar den authentischen Schauplatz nicht ersetzen können, zumindest aber zeigen, wie es einstmals gewesen sein mag.

»Brüderlichkeit der Religionen«: Chicago 1893

Stammt die Buddha-Plastik von Rodin? Lange bin ich dieser Frage nachgegangen. Jetzt habe ich Klarheit. Weder stammt der von Rilke gesehene Buddha vom »Meister« noch hat Rodin je eigene Buddha-Plastiken geschaffen. Auch hier spielt die *Pariser Weltausstellung von 1900* eine entscheidende Rolle. Ein spektakuläres Ereignis wie alle Weltausstellungen, die es seit 1851 gibt. Die 1900 in Paris gefeierte ist die zwölfte in ihrer Reihe und die fünfte in Paris. Voraus ging eine später noch bekanntere Pariser Weltausstellung, die von 1889, denn der damals aufgestellte spektakulär-kühne Stahl-Turm des französischen Ingenieurs Gustave Eiffel wird zu einem der Wahrzeichen der Stadt, heute als Eiffel-Turm weltberühmt. Und ebenso voraus ging eine heute wieder neu erinnerte Weltausstellung, die von Chicago 1893.

Gerade die *Chicagoer Weltausstellung* ist für unseren Zusammenhang von besonderem Interesse. Aus ihrem Anlass findet zum ersten Mal in der Religionsgeschichte ein »Parlament der Religionen der Welt« statt. »Parlament« nicht politisch-verfassungsrechtlich zu verstehen als gewählte Volksvertretung und gesetzgebende Körperschaft, sondern als symbolischer Ort gleichzeitiger und gleichberechtigter Begegnung und Kommunikation von Menschen verschiedener Religionen. 1993 wird aus Anlass der 100-Jahr-Feier zum zweiten Mal in Chicago ein »Parlaments«-Ereignis stattfinden. Vor verändertem multireligiösen Welthorizont wird von Vertretern aller anwesenden Religionen eine »Erklärung zum Weltethos« verabschiedet, deren Ausarbeitung die Organisatoren dem Tübinger Ökumeniker *Hans Küng* anvertraut hatten. Diese Erklärung stellt ein bisher singuläres interreligiöses Konsensdokument dar, in dem Vertreter aller Religionen gemeinsame Grundprinzipien eines Ethos niederlegen, Grundlage auch der multidimensionalen Arbeit der seit 1995 in Tübingen existierenden »Stiftung Weltethos«.[39]

Doch schon die Organisatoren des ersten »Parlaments« 1893 in Chicago waren beseelt von der Idee: Nicht länger soll ein kolonialistisch-missionarischer Triumphalismus des Westens gegenüber den Osten herrschen, sondern das Ideal der »Brüderlichkeit der Religionen«. So jedenfalls ein hoher Repräsentant des damals leitenden Komitees für das »Department of Religions«, der zur Eröffnung dieser Ausstellung erklärt:

> *»Es scheint mir, dass die Geister gerechter und guter Menschen über dieser Versammlung schweben. Ich glaube, dass der Geist des Apostels Paulus unter uns ist, dieses eifrigen Missionars Christi, dessen Vornehmheit, Weisheit und unbeschränktes Taktgefühl offenbar wurde, als er Jesus und die Auferstehung*

predigte im Schatten des Parthenon. Ich glaube, dass der Geist des weisen und humanen Buddha unter uns ist, der Geist des Sokrates, des Suchers nach der Wahrheit [...] Als ich vor einigen Tagen zum ersten Mal mit den Delegierten zusammentraf, die von Japan und kurz danach mit den Delegierten, die von Indien zu uns gekommen sind, da fühlte ich, dass die Arme menschlicher Brüderlichkeit fast um den gesamten Globus reichen. Es gibt nichts Stärkeres als menschliche Liebe und Gemeinschaft.«[40]

»Der Geist des weisen und humanen Buddha«! In der Tat ist das »Parlament der Religionen der Welt« von Chicago 1893 vor allem deshalb noch heute erinnerungswürdig, weil hier erstmals Delegationen von Vertretern des Hinduismus und des Buddhismus im Westen auftreten und ihre Religionen authentisch repräsentieren. Unter ihnen ragen zwei Männer heraus, die bis heute zu den bedeutendsten Führern des Neohinduismus und Neobuddhismus zählen: *Swami Vivekananda* (1863-1902), ein junger bengalischer Asket, bedeutendster Schüler Ramakrishnas, einer der Köpfe der neohinduistischen Reformbewegung in Indien und: *Anagarika Dharmapala*, Gründer der »Mahabodhi-Gesellschaft« und Führer einer Vereinigungsbewegung neobuddhistischer Kräfte in Asien. Insbesondere Vivekanandas Reden während des »Parlaments« sowie seine anschließend durchgeführte Vortragsreise durch die Vereinigten Staaten gelten als der Beginn einer Gegenbewegung: Asiatische Geistigkeit wird in den Westen getragen![41]

»Brüderlichkeit der Religionen«? Diese Vision von einer anderen, interreligiös vernetzten Welt hatte man in Paris des Jahres 1900 wieder begraben. Jetzt – im Milleniums-Fieber – herrscht vor allem Technik-Verherrlichung, Stolz auf wirtschaftliche Leistungen und spektakuläre Erfindungen. Mehr als 40 Nationen sind in Paris vertreten und setzen alles daran, beeindruckende technische Fortschritte in aufwendig gestalteten Pavillons einer erstaunten Öffentlichkeit zu präsentieren. Zu den »Attraktionen« gehören zum Beispiel ein Riesenfernrohr, ein Wasserschloss mit einem 29 Meter hohen Wasserfall, des Nachts beleuchtet, ein »Palast

der Elektrizität«, der von einer feingliedrigen, nach allen Seiten strahlenden Sternenkonstruktion aus Eisen bekrönt wird. Eine »Attraktion« ist auch schon das monumentale Eingangstor zur Weltausstellung, Beispiel für eine reich ornamentierte Kulissenarchitektur, auf bühnenhafte Illusion berechnet.

Technikverherrlichung und Kolonialismus: Paris 1900

Ungebrochen ist der Fortschrittsglaube, der sich hier ausstellt, ungebrochen der Stolz auf technische Errungenschaften, ungebrochen das Bewusstsein, vor einer glänzenden Zukunft der Menschheit zu stehen. So jedenfalls der Tenor der Eröffnungsrede des französischen Handelsministers *Alexandre Millerand* am 14. April 1900. »Die Maschine« sei die »Beherrscherin des ganzen Erdballs geworden«, ruft er aus. Sie ersetze die Arbeiter, sie vervielfältige die »Beziehungen der Völker«. Sogar der Tod sei »zurückgewichen vor dem siegreichen Fortschritt des Menschengeistes«. Warum? Dank der medizinischen Wissenschaft, dank des Genies eines Louis Pasteur! Mehr noch: Die Einrichtungen zur Vorsorge für Alte und Krankheitsfälle, die Wohlfahrtseinrichtungen – das alles lege Zeugnis ab von der »Solidarität der Menschheit«. Diese Solidarität habe sich zum Ziel gesetzt, »im Schoße jeder Nation die verletzenden Ungleichheiten zu mildern, die aus der Natur der Dinge und aus der Gesellschaftsordnung« sich ergäben. Sie erstrebe eine »Einigung in den Banden wirklicher Brüderlichkeit«[42].

Das Pathos ist penetrant, der Anspruch universal, die Vision global. Als so »siegreich« wird der »Fortschritt des Menschengeistes« betrachtet, dass sogar der Tod als »zurückgewichen«, so omnipräsent ist mittlerweile die Maschine, dass sie als »Beherrscherin des ganzen Erdballs« bezeichnet werden kann. So universal verbreitet sind mittlerweile Wissenschaft und Technik, dass man sich durch sie »Solidarität der Menschheit«, gar eine Einigung der Menschheit im Geiste »wirklicher Brüderlichkeit« verspricht. Von »Brüderlichkeit« war auch in Chicago die Rede, wie wir hörten, aber von »Brüderlichkeit der Religionen«. Hier ist es – gut französisch-laizistisch – die Brüderlichkeit der Nationen.

Die Parolen klingen verlockend. Die Realität ist eine andere. Weite Teile der Erde sind noch im Griff des europäischen Kolonialismus. Europäische Mächte wie England, Frankreich, Deutschland und Holland hatten sich im Zuge des 19. Jahrhunderts Kolonien in Afrika und Asien »gesichert«. Das spiegelt sich vielfach auf der Pariser Weltausstellung wider. Großmächte wie Frankreich und England präsentieren sich gleich doppelt: mit eigenen nationalen Pavillons und mit »Kolonialausstellungen«, wobei England in diesem Sektor gleich zwei Gebäude aufzuweisen hat: den Palast der britischen Kolonien und den Palast von Britisch-Indien.

Noch heute greifbar ist ein deutschsprachiger »Illustrierter Führer durch Paris und die Weltausstellung 1900«, bearbeitet von *Jaques Molitor*, erschienen in Straßburg 1900. Welcher Geist die Macher der Weltausstellung antrieb, findet sich hier ungebrochen dokumentiert. Überall würden – etwa bei der französischen Kolonialausstellung – »die Fortschritte auf dem Gebiete der Civilisation« ausgestellt, »die in den überseeischen Besitzungen erzielt worden« seien, liest man beispielsweise in diesem »Führer«. Man könne sehen, wie »die eingeborene Bevölkerung« zur Zeit der »Besitzergreifung« (!) gelebt habe und wie sie heute lebe. Kleidungsstücke, Hausgeräte, Werkzeuge und Waffen legten Zeugnis ab »von den allmählichen Fortschritten, die Dank der zivilisatorischen Thätigkeit der Eroberer erzielt worden« seien. Der »Eroberer«! Das »Sehenswürdigste dieser französischen Kolonial-Ausstellung«? Eine »Vishnu-Pagode«, die der »Illustrierte Führer« in einer Mischung aus europäischem Überlegenheitsbewusstsein und erotisch-exotischer Faszination beschreibt.

Wir müssen es bei diesen Stichproben belassen. Sie reichen für die Feststellung aus: Im Paris des Jahres 1900 herrschen noch ungebrochen europäische Technikverherrlichung, europäischer Zivilisationstriumphalismus und europäischer Kolonialismus! Wir sind noch vor dem Ersten Weltkrieg. Noch scheint die Welt der europäischen Kolonialmächte in Ordnung zu sein. Und Rilkes Buddha-Spur führt uns direkt in diese Welt hinein, konkret in die Welt eines europäischen Landes, dessen Kolonialgeschichte heute – im vereinigten Europa – weitgehend unbekannt ist: in die der Niederlande.

Im genannten »Illustrierten Führer« ist Hollands Weltausstellungs-Präsenz mit nur vier Zeilen erwähnt: »Holland ist durch drei Bauten vertreten, zwei Häuser von Eingeborenen aus Sumatra, welche durch den Tempel von Tzandi-Sari, einer sehr interessanten Probe der Hindu-Architektur, voneinander getrennt sind«[43]. Schon dies bemerkenswert: Im Jahr 1900 kann Holland sich noch ungebrochen mit Bauten aus Sumatra und mit einem Tempel dem staunenden Publikum präsentieren. Immerhin sind die Niederlande seit mehr als 300 Jahren Kolonialmacht in Indonesien. Dessen Hauptstadt Batavia (heute: Djakarta) war 1619 von *Jan Peter Coen* gegründet worden, dem damaligen Repräsentanten der berühmtberüchtigten Vereinigten Ostindischen Kompanie (VOC), und zwar nach bitteren

Teilansicht des »niederländisch-indischen Pavillions« auf der Pariser Weltausstellung 1900

Kämpfen gegen Spanien und England, den europäische Rivalen auf den ostasiatischen Märkten. Sehen wir genauer zu.

Die Buddha-Spur: Der Pavillon von Niederländisch-Indien

Julius Meier-Graefe (1867-1935) ist zweifellos einer der bedeutendsten Kunsthistoriker und Kunstkritiker um die Wende des 19. zum 20. Jahrhunderts. Mehr als andere hatte er sich für die Maler des französischen Impressionismus eingesetzt.[44] Derselbe Meier-Graefe fungiert als Herausgeber eines repräsentativen Bandes »Die Weltausstellung in Paris 1900«, und hier ist dem Pavillon von Niederländisch-Indien, wie er genannt wird, ein ganzer Abschnitt gewidmet. Auch eine bildliche Darstellung der Anlage ist zu finden. Beides muss uns elektrisieren. Denn beides führt uns zu Rilkes Buddha. Zunächst wird auch in diesem Beitrag bestätigt, dass die Holländer drei Gebäude präsentieren:

Teilansicht des »niederländisch-indischen Pavillions«

»Die dunkelroten, blau verzierten, reich ornamentierten, von fellbedeckten bizarren Giebeldächern gekrönten Häuser zur Rechten und zur Linken sind nach Originalen von Sumatra kopiert. Zwischen beiden befindet sich - ein wenig zurückliegend - die Kopie eines javanischen Tempels. Der Tempel ist der von Tandji-Sari. Er zeichnet sich durch seine außerordentlich feinen Verhältnisse und besonders durch die ornamentalen Beigaben aus, die von hervorragendem künstlerischen Werte sind. Es sind Statuen und Basreliefs, die sich auf das Leben Buddhas beziehen. Der Tempel hat eine Höhe von 13 Metern und eine Breite von 10 Metern. Im Innern findet man eine Sammlung alter steinerner Buddhabilder und Reliefs.«[45]

Im Innern eine Sammlung alter steinerner Buddha-Bilder! Wir verfügen über ein dokumentarisches Foto, das uns eine Anschauung davon vermittelt. Im Innern des Pavillons befinden sich Statuen des Buddha. Der offizielle Berichtband des Pariser Ministeriums für Wirtschaft und Industrie, dem ich die Fotos entnehme, ist hier noch etwas präziser: »Der Tempel stellt ein buddhistisches Kloster dar, Vihâra, bekannt unter dem Namen Tandji-Sari, mit einer großen Zahl von Basreliefs von Borobodur, die Szenen aus dem Leben des Buddha darstellen.«[46]

Innenansicht des »niederländisch-indischen Pavillions«

Zugleich verfügen wir über ein Foto, das Buddha-Statuen draußen *vor* dem »javanischen Tempel« zeigt. Vier Buddhas sind zu sehen, auf Sockel gehoben. Auch ihre Herkunft verweist ikonographisch auf »Borobodur«, eine gewaltige Anlage auf der indonesischen Hauptinsel Java, 40 Kilometer nordwestlich von Yogyakarta gelegen. Warum ist das für uns von Interesse? Wir verschieben die Antwort noch ein wenig und sagen zunächst das Nötige zu Borobodur.

Außenansicht des »niederländisch-indischen Pavillions«

74

6. Der Buddha von Borobodur

Die Anlage von Borobodur / Java

»Borobodur« stellt in Form einer Stufenpyramide eines der bedeutendsten buddhistischen Bauwerke in der Kulturgeschichte der Menschheit dar. Um 800 n.
Chr. dürfte die gewaltige Anlage unter den Königen der Sailendra-Dynastie errichtet worden sein. Man pflegt zu dieser Zeit auf Java eine Form des Mahayana-
Buddhismus.

Das Geheimnis von Borobodur

Man muss dazu wissen: Vom ersten bis fünften Jahrhundert nach Christus war es zu einer Weiterentwicklung innerhalb des Buddhismus gekommen, die man die Bewegung des »Mahayana« oder des »Großen Fahrzeugs« zu nennen pflegt. Man unterscheidet diese Form des Buddhismus vom »Theravada« (»Schule der Ältesten«), auch »Hinayana« (»Kleines Fahrzeug«), genannt. Im »Kleinen Fahrzeug« ist das Ideal der mönchisch lebende geistige Mensch *(Arhat)*. Nach dem Vorbild des geschichtlichen Buddha Gautama sucht er das »Heil«, d.h. buddhistisch den Ausstieg aus dem leidvollen Daseinskreislauf, für sich allein. Er folgt auf diese Weise dem Streben nach individueller Befreiung. Faktisch aber ist das Erreichen dieses Ziels an die strenge Lebensform eines Mönchs gebunden, in der Praxis also nur für eine Elite erreichbar.

Dagegen setzt sich im Mahayana das Ideal des menschenfreundlichen Heiligen durch, des »Erleuchtungswesen« *(Bodhisattva)*, was die dem Buddhismus von Anfang an eingestiftete Grundspannung von Mönchen und Laien, von Elite und Masse aufzulösen vermag. Denn nicht nur dem Mönch, auch dem ein alltägliches Leben führenden Laien kommen die Verdienste des Buddha zu. »Großes Fahrzeug« ist gerade in diesem Sinne zu verstehen: Buddhismus für eine große Zahl von Menschen, die nicht Mönche sind oder werden. Eine neue »Drehung des Rads der Lehre« ist dazu notwendig. Nach der Lehre des Mahayana hat Buddha auf den Eingang in den Zustand endgültiger Erlösung *(Parinirvana)* so lange verzichtet, bis alle Lebewesen Erlösung erlangt haben. Aus grenzenlosem Mitleid und Erbarmen hat er den letzten Schritt nicht vollzogen. Er wird damit zum Vorbild und selbstlosen Helfer für die Gläubigen, zum altruistischen Erleuchtungs- und Erlösungshelfer, zum »Bodhisattva« eben. Dieser ist somit ein Wesen, das zwar »erwacht« ist, aber freiwillig auf das daraus resultierende Nirvana und die Buddhaschaft verzichtet, um andere Lebewesen auf ihrem Weg zu unterstützen. Die Folgen für den Buddhismus als Volksreligion sind grundlegend und kommen durch die Anlage von Borobodur als Pilgerstätte für die Massen auf bestechende Weise zum Ausdruck.

Über 150 Jahre bleibt Borobodur das geistliche Zentrum von Java. Doch mit der Verlagerung der politischen und kulturellen Verhältnisse von Zentral-Java nach Ost-Java werden Bauwerke wie die von Borobodur vernachlässigt und so allmählich dem Verfall preisgegeben. Vulkanische Eruptionen und andere Einflüsse der Natur tun das Ihre. Menschen verlieren das Interesse an Borobodur. Das gewaltige Bauwerk gerät in Vergessenheit und wird allmählich vom Dschungel »verschluckt«.

Ironischerweise verdankt Borobodur seine Wiederentdeckung ausgerechnet der Rivalität zweier europäischer Mächte. Bedrängt durch Auseinandersetzung in Europa mit dem französischen Potentaten Napoleon reißen die Engländer 1811 die Herrschaft über Java an sich und behalten sie ganze fünf Jahre bis 1816. Aber in dieser Zeit passiert etwas Entscheidendes. Der neue englische Gouverneur, *Thomas Stamford Raffles* (1781-1826), erweist sich als Glücksfall für die Erschließung der Kultur der Insel. Ihm verdankt die Welt die Wiederentdeckung der Anlage von Borobodur, gut 1000 Jahre nach ihrer Errichtung. Doch noch weitere hundert Jahre wird es dauern, bis unter erneuter niederländischer Herrschaft Sicherungs- und Restaurierungsarbeiten in Borobodur durchgeführt werden. Exakt im Jahre der Pariser Weltausstellung 1900 hatten holländische Autoritäten ein Komitee zur Restaurierung von Borobodur ins Leben gerufen. Die Präsentierung von Buddha-Reliefs und Buddha-Statuen auf der Weltausstellung in Paris mag auch dem Zweck gedient haben, der Weltöffentlichkeit dieses einzigartige Bauwerk zu präsentieren – als holländischen Kolonialbesitz! Und Borobodur *ist* einzigartig.

Der Grundriss des Bauwerks gleicht einem Mandala, ja, die gesamte Anlage bildet eine Art dreidimensionales Mandala, bestehend aus sechs rechteckigen und drei kreisförmigen Ebenen oder Terrassen sowie einer zentralen, die Spitze bildenden Stupa. Sie spiegelt kosmisches Denken, wie es für den Mahayana-Buddhismus typisch ist. Mahayana-Buddhisten stellen sich das Universum als komplexes System von drei Sphären vor mit dem Berg Sumeru in der Mitte. Grob schematisiert kann man sagen: Die unterste Welt ist die der Menschen, die Welt der Sinne und der weltlichen Sinnlichkeit. Dann kommt die Übergangswelt, in der die Menschen von ihren körperlichen Formen und ihren weltlichen Bindungen erlöst werden. Schließlich die Welt der Götter, die Welt der Vollkommenheit und der Erleuchtung. Pilger, die in dieses Bauwerk eintreten und die Terrassen umschreiten, sollen Stufe für Stufe den Weg des Aufstiegs von unten nach oben nachvollziehen: vom Irdischen zum »Himmlischen«, vom Unvollkommenen zum Vollkommenen. Ein Weg der Selbstvervollkommnung, der Vergeistigung und schließlich der Erleuchtung.

Durchbrochene Stupa in Borobodur

Helfen sollen ihnen dabei in den sechs unteren Terrassen meisterhaft gearbeitete flache Reliefs auf den Innenwänden der Umgänge. Insgesamt sind rund 1500 Szenen in Stein gehauen. Szenen aus dem damaligen Leben in Java, aber auch aus den Vorleben und dem Leben des Buddha. Diese in ihrer Fülle und Schönheit überwältigenden Arbeiten sind wie ein offenes Buch, in dem die Pilger im Vollzug mehrfachen Umschreitens ihre heilige Geschichte nachvollziehen können. Stets haben sie dabei auch den Buddha vor Augen, sichtbar in über 400 Statuen auf den verschiedenen Ebenen in offenen Nischen. Mehr noch: Oben auf den drei kreisförmigen Terrassen befinden sich mit Gittersteinen aufgebaute, scheinbar perforierte Stupas, 72 an der Zahl. In jeder befindet sich eine sitzende Buddha-Figur! Ursprünglich sind sie unsichtbar. Nur durch Zerstörung einer Stupa bekommt der Betrachter heute einen solchen Buddha zu Gesicht.

Durchbrochene Stupa in Borobodur

Auf den ersten Blick erscheinen alle Buddha-Statuen gleich, und zwar in Material und Formensprache. Das hat damit zu tun, dass die Darstellung von Buddha-Figuren schon früh einem Ausdrucks-Kanon folgt:

- In der Regel sieht man das *Haupthaar* des Buddha geknotet. Es symbolisiert die Beherrschung der Lebensenergie und die zielgerichtete Kraft der Versenkung.
- Auffällig auch die *Wölbung auf dem Scheitel*. Ursprünglich ist es der Haarknoten hinduistischer Asketen an der Stelle, wo nach indischer Auffassung die Seele des Menschen ein- und austritt. Sie symbolisiert die »Erleuchtungserhebung« des Buddha als Zeichen seines Erwachens.
- Auffällig ferner die knotenartige Erhebung in der *Mitte der Stirn*. Viele nennen es das »dritte Auge« des Buddha. Gemeint ist wohl eher ein Symbol für die Weisheit des Erwachten, ein Mal, aus dem das Licht der Erkenntnis und der Güte strömt. Es kann durch einen Edelstein, einen Kristall oder eine seltene Perle gekennzeichnet sein.
- Auffällig schließlich die langgezogenen *Ohrläppchen*. Sie verweisen biografisch auf die fürstliche Abkunft des Mannes aus der Familie der Shakya, der deshalb auch Shakyamuni (»Weiser der Shakya«) genannt werden kann. In Herrscher-Familien wird zur Zeit des Buddha schwerer Ohrschmuck getragen. Spirituell aber verweisen sie auf die Fähigkeit des Buddha, der inneren Stimme zu lauschen und so im geistigen Sinn ein »Weltenherrscher« zu sein.

Doch bei näherem Hinsehen unterscheiden sich die Statuen durchaus, und zwar durch die Haltung der Hände (*Mudra*). Genauer gesagt: In fünf Fällen macht die rechte Hand (vom Buddha aus gesehen) eine je unterschiedliche Geste. Die linke Hand ist bei allen fünf Figuren an die Mitte des Körpers gelegt, direkt unterhalb des Bauchnabels. Sie ruht auf der Ferse des angewinkelten rechten Beines mit der Handfläche nach oben. Die rechte Hand dagegen zeigt fünfmal verschiedene Gesten, und zwar entsprechend den fünf Himmelsrichtungen: Ost, Nord, West, Süd und Zenit. Das entspricht dem Mahayana-Konzept, demzufolge jede Himmelsrichtung von einem eigenen Buddha beschützt wird. Entscheidend für die Anhänger des »Großen Fahrzeugs« ist eben nicht mehr der geschichtliche Buddha Shakyamuni, sondern der kosmische Buddha. Das ganze Universum wird verstanden als Körper dieses kosmischen Buddha.

So finden sich an den vier Seiten der Anlage von Borobodur je nach Himmelsrichtung verschiedene Darstellungen des Buddha:

Der Buddha im Garten zu Meudon

- Nach *Osten* schaut ein Buddha, dessen rechte Handfläche Richtung Boden zeigt und so den Geist der Erde anruft. Mit dieser Handhaltung, der Geste der »Erdberührung«, bezeugt der Buddha seinen Sieg über die schlechten Geister sowie seine innere Stärke.

- Nach *Norden* schaut ein Buddha, der seine rechte Hand knapp über der Körpermitte senkrecht emporgehoben hat mit der Handfläche nach außen. Es ist die Geste der Furchtlosigkeit, der Angstvertreibung und der Besänftigung der Sinne.

- Nach *Süden* blickt ein Buddha, dessen rechter Arm Richtung Erde zeigt und gleichzeitig auf dem Knie des rechten Beines ruht, die offene Handfläche nach oben. Symbolisch soll so die Barmherzigkeit des Buddha den Gläubigen gegenüber zum Ausdruck kommen. Dieser Buddha macht die Geste der Wunschgewährung.

- Nach *Westen* blickt ein Buddha, dessen beide Hände in der Mitte des Schoßes in der Höhe der Körpermitte aufeinander liegen, beide Handflächen nach oben, die rechte Hand über der linken, wobei die Daumen sich berühren. Es ist die Geste der Versenkung, der vollkommenen

Buddha-Figuren in Borobodur

82

Konzentration in der Meditation: der *Buddha Amitabha*.

- Im *Zenit* befindet sich ein Buddha, in dessen rechter Hand, nach außen geöffnet, Daumen und Zeigefinger zu einem Kreis sich geschlossen haben. Es ist die Geste der Unterweisung. Sie symbolisiert, dass der Buddha Belehrungen mit ehrlichem und reinem Herzen weitergibt.
- Die Stupas auf den drei kreisförmigen Terrassen enthalten Buddhas eines sechsten Typus mit der Geste des »Andrehens des Rades der Lehre«. Oberhalb des Bauchnabels kommen rechte und linke Hand durch Berührung des Zeigefingers zusammen und bilden so einen geschlossenen Kreis. Damit wird dem Gläubigen das Faktum in Erinnerung gerufen, dass Buddhas Predigt einst das »Rad der Lehre« in Bewegung setzte und so den Prozess der Erlösung in Gang brachte. Für Mahayana-Buddhisten hat Buddha seine Predigt zum ersten Mal auf dem Gipfel des Berges Sumeru gehalten, was die Auffassung zusätzlich stützt, dass Borobodur diesen heiligen Berg symbolisieren soll.

Und Rilkes Buddha im Park zu Meudon? Rodin hatte diesen Buddha dort aufgestellt. Warum? Aus welchem Interesse? Wie stand er selber zu Buddha, zu einem solchen Dokument asiatischer Kunst?

Ein Buddha Amitabha in Meudon

Lange bin ich auch dieser Frage nachgegangen. Klarheit erhalte ich erst durch einen Besuch in den Rodin-Museen zu Paris und Meudon im August 2009, insbesondere durch Gespräche mit Madame Garnier, seit 20 Jahren wissenschaftliche Mitarbeiterin im Pariser Rodin-Museum. Ihr verdanke ich wichtige Hinweise, da sie das Verhältnis Rodins zur asiatischen Kunst wissenschaftlich untersuchte, eindrucksvoll dokumentiert in dem Band »Rodin. Le Rêve Japonais« (»Rodin. Der japanische Traum«) aus dem Jahre 2007. Das Buch geht zurück auf eine Ausstellung 2001 im japanischen Nagoya (»Rodin et Japon«), die den wechselseitigen Einfluß Rodin – Japan dokumentiert und damit auch dieses Werk in den Kontext des zeitgenössischen »Japonismus« stellt, ein Begriff, womit man generell die Wirkung japanischer Kunst auf europäische Künstler in der zweiten Hälfte des 19. Jahrhunderts zu bezeichnen pflegt. Gerade in Frankreich wurde die »Malerei der fließenden, vergänglichen Welt« (jap.: Ukiyo-e) eine bedeutende Quelle der Inspiration, insbesondere für Künstler des Impressionismus und Kubismus.[47]

Im Zuge der Überwindung der jahrhundertelang selbstgewählten politischen und kulturellen Isolation Japans war ab Mitte des 19. Jahrhunderts japanische Kunst in Europa bekannt geworden, vermittelt insbesondere durch die Weltausstellungen in Paris (1855, 1867 und 1878) sowie in London (1862) und Wien (1873). Das gilt vor allem für Keramiken, Farbholzschnitte und Tuschezeichnungen. In den 1870er- und 1880er-Jahren unternehmen vor allem französische und englische Sammler Reisen nach Japan, was die Auseinandersetzung mit japanischer Kunst in Europa verstärkt. So bedeutende Künstler wie Vincent van Gogh, Claude Monet, Camille Pissaro und Gustav Klimt lassen sich von japanischen Motiven beeinflussen.

Ähnliches gilt für Rodin, der sich um die Jahrhundertwende nicht nur als Sammler griechischer und römischer Objekte hervortut, sondern auch eine Sammlung asiatischer Kunst anlegt. Im Band »Rodin. Le Rêve Japonais« sind unter anderem Druckgrafiken, Masken und Vasen aus Rodins Sammlung dokumentiert, aber auch kleinere Kultobjekte wie eine hölzerne, mit schwarzem japanischem Lack überzogene Buddha-Figur (18 cm hoch) oder eine aus Elfenbein geschnitzte Gruppe von Buddha-Schülern, ganze 5 cm hoch.[48] So ist es kein Zufall, dass man noch heute im Pariser Rodin-Museum, untergebracht in Rodins alter Wohnstätte, Hôtel Biron, ein Originalbild Vincent van Goghs sehen kann, das Rodin erworben hatte und das als eines der eindrucksvollsten Dokumente des »Japonismus« in der europäischen Malerei gilt. 1887 hatte van Gogh dieses Bild gemalt: »Le Père Tanguy«. Zu sehen ist ein alter, bärtiger Mann in sitzender Haltung vor einer Wand mit zahlreichen japanischen Motiven, eindrückliches Beispiel für den Einfluß des Ukiyo-e auf die westliche Kunst.

Dieses generelle Interesse an asiatischer Kunst erklärt nun auch besser Rodins Faszination für den niederländisch-indischen Pavillon auf der Weltausstellung von 1900. Zwar sind so gut wie keine Dokumente über Rodins Auseinandersetzung mit asiatischer Geistigkeit vorhanden, wohl aber ist eine Äußerung Rodins zum niederländischen Pavillon greifbar. Die Pariser Zeitung »La Presse« hatte eine Umfrage unter Prominenten gestartet, was für sie der »clou de l'exposition«, der »Höhepunkt der Weltausstellung«, gewesen sei. In ihrer Ausgabe vom 13. Oktober 1900 druckt »La Presse« auch eine kurze Stellungnahme Rodins, die in deutscher Übersetzung lautet:

> *»Sie fordern von mir meinen Eindruck von der Ausstellung und darüber, was für mich der Höhepunkt gewesen sei. Vom künstlerischen Standpunkt Ihnen antwortend, glaube ich, dass er in der Sektion des Fernen Ostens gelegen hat, von der ich die lebendigsten Eindrücke bekommen habe. Die Treppe von Kambodscha und die Bas-Reliefs des sino-niederländischen Klosters sind mir als wunderbare Kunst erschienen.«*

Er kannte ihn also genau, den niederländischen Pavillon auf der Ausstellung von 1900 und ist als Künstler offensichtlich begeistert von dem, was er hier sieht. Dabei bleiben für uns die genauen Umstände der Akquisition der Buddhas und des Transfers nach Meudon nach wie vor im Dunkeln. Dokumente darüber existieren genauso wenig wie über mögliche Reflexionen Rodins zu seinen Buddhas. Aber Faktum ist: Als Mann der Plastik ist Rodin von den Buddha-Figuren aus Borobodur offensichtlich so angetan, dass er nach Schluss der Ausstellung nicht nur seinen Pavillon de l'Alma nach Meudon transferieren lässt, sondern auch eine An-

zahl von Buddha-Figuren. Welche und wie viele, muss offen bleiben. Fünf lassen sich durch die dokumentarischen Fotos nachweisen. Denn vier von ihnen lagert Rodin in seinem Pavillon de l'Alma, wie man auf zwei dokumentarischen Fotos gut erkennen kann. Einen fünften Buddha stellt Rodin in seinem Garten auf: den *Buddha Amitabha*, den Buddha also, dessen beide Hände aufeinander liegen, Handflächen nach oben, und der damit die Geste der Meditation und der vollkommenen Versenkung macht. Mehr noch: Rodin lässt für diesen Buddha einen kleinen Hügel

Rodins »Buddhas« in Meudon

anlegen, so dass die Figur im Raum herausgehoben erscheint und somit weithin sichtbar wahrgenommen werden kann. Ja, ein eigens dafür angelegter »Kiesweg« soll es offenbar ermöglichen, zur näheren Betrachtung ganz an den Buddha heranzutreten.

Wann genau die Buddhas nach Meudon gelangten, muss auf Grund fehlender Quellen ebenfalls offen bleiben. Im für die Zeit einschlägigen Briefband Rodins[49] gibt es dazu kein Hinweis. Unabhängig von Rilke geben zwei kleinere Dokumente etwas mehr Klarheit. Das eine findet sich in der seit 1902 existierenden großen deutschsprachigen Zeitschrift »Kunst und Künstler«, herausgegeben von Emil Heilbut im Bruno Cassierer Verlag Berlin. Im vierten Heft des zweiten Jahrgangs (erschienen Januar 1904) stößt man auf die Besprechung der 8. Kunstausstellung der »Berliner Secession«. Hier sind unter anderem Aquarelle und Zeichnungen von Rodin zu sehen. Der (namenlos bleibende) Kritiker nennt sie eine »Sensation«. Der Hauptgrund?

Rodin neben seinen »Buddhas« in Meudon

»Geistreiche Gedanken erscheinen da, Dinge werden vorgeführt, die nicht ausgeführt werden könnten [...]. Neue und alte Erinnerungen werden verwoben. Japan erscheint. Man wird von nicht wenigen der Aquarelle dessen inne, dass Rodin in seinem Garten als Gipfelpunkt seiner Kunstschätze nicht etwa eine griechische Statue, sondern einen Buddha verwahrt.«[50]

Die Information von der Präsenz des Buddha in Meudon geht somit auf das Jahr 1903 zurück. Spätestens in diesem Jahr muss der Buddha hier sichtbar gewesen sein.

In der Oktober-Nummer des Jahres 1904 derselben Zeitschrift ein weiterer großer Artikel zu Rodin. *Georg Treu* (geb. 1843 in St. Petersburg, gest. 1921 in Dresden) hat ihn geschrieben, seinerzeit Leiter der Skulpturensammlung des Dresdner Albertinums (von 1882 bis 1915), vormals zwischen den Jahren 1878 und 1881 mit der Leitung der deutschen Ausgrabungen im griechischen Olympia beauftragt. Ein Kenner also der Geschichte von Skulpturen. Treu berichtet von einem Besuch »bei Rodin« (so der Titel seines Beitrags) in Meudon, gibt einen höchst informativen Einblick in ausgewählte Arbeiten des Meisters, um am Ende mit Verweis auf den Buddha eine überraschende Pointe zu setzen, die – für einen Deutschen nicht zufällig – ganz den Kategorien des schopenhauerischen Buddhismus-Bildes verhaftet ist:

»Auf dem Gartenhügel zu Meudon, von dem man in das weite Land hinausblickt, steht der Abguss einer indischen Buddha-Statue, als Symbol und Hüter des stets ersehnten und nie erreichten Seelenfriedens in Weltflucht und Entsagung.«

Mehr noch: Treu setzt ans Ende seines Artikels gezielt ein Foto, das die Präsenz des Buddha in Meudon optisch besonders eindrucksvoll dokumentiert.[51]

Das ist an greifbaren Zeugnissen nicht viel, lässt aber – insbesondere durch den Einfluss des Japonismus – nachvollziehen, warum Rodin an den Buddha-Figuren derart interessiert ist, dass er ihnen einen exponierten Platz in seinem Garten verschafft. Wobei auch eine Rolle gespielt haben mag, dass Rodin, zu seiner Zeit ein vielfach umstrittener Künstler, ein Zeichen seiner Ausnahmestellung setzen wollte, seiner Unangepasstheit gegenüber dem bourgeoisen Establishment. Und was dürfte damals unangepasster und unzeitgemäßer gewesen sein als die »öffentliche« Demonstration eines Buddha in einer »christlich«- europäischen Region wie Paris?

Und Rilke? Er berichtet von der Existenz des Buddha in Meudon erstmals am 20. September 1905. Wir erinnern uns. Und wir erinnern uns auch an seine *erste Äußerung*: »Und unten vor dem Fenster steigt der Kiesweg zu einem kleinen Hügel an, auf dem in fanatischer Schweigsamkeit ein Buddha-Bildnis ruht, die unsägliche Geschlossenheit seiner Gebärde unter allen Himmeln des Tages und der Nacht in stiller Zurückhaltung ausgebend. C'est le centre du monde.« Solche Sätze signalisieren nicht nur eine erste äußere Wahrnehmung, sondern offensichtlich auch eine erste innere Zwiesprache. Da ist plötzlich etwas »anderes« sichtbar geworden als bisher Erlebtes. Da ist eine Gestalt präsent, die buchstäblich aus der Zeit fällt und in ihrer gänzlichen Andersheit zur Zwiesprache einlädt.

»Geschlossenheit der Gebärde«? Sie ist bei dieser Figur in der Tat auffällig, weil von bezwingender Harmonie und Symmetrie. Denn schaut man genau hin, so bildet der Oberteil des Körpers unübersehbar ein gleichschenkliges Dreieck mit dem Kopf als Spitze. Ein weiteres Dreieck bildet der untere Körperteil mit den übereinandergeschlagenen Beinen. Dessen »Spitze« weist in die Mitte des Körpers, dort, wo die Hände zusammengelegt sind, was die »Mitte« noch einmal hervorhebt. Denn die Mitte dieser Figur ist nicht der Kopf, sondern das Körperzentrum mit dem Nabel des Bauches, was einen wichtigen Grundgedanken der Botschaft des Buddha schon körperlich-räumlich symbolisiert: Streben nach Erwachen ist mehr als intellektuelle Anstrengung. Es ist ein ganzheitlicher Akt der Person! Nur so kommt man »zur Mitte«, die der Buddha schon körperlich symbolisiert, so dass der Eindruck Rilkes sich geradezu aufdrängt: von der Mitte des Buddha-Körpers zur »Mitte der Welt«. Auffällig auch: Die ganze Figur ruht auf einem als Lotusblüte stilisierten Sockel. Das gibt ihr bei aller Schwere eine Leichtigkeit. Er scheint zu schweben, dieser Buddha, scheint mitten in der Welt ein Stück »abgehoben« von der Welt. Scheint eine Figur in dieser Welt, aber nicht von dieser Welt!

Die Wahrnehmung der neuen Umgebung erklärt nun besser, warum Rilke trotz anfänglicher Bedenken der Sprache wegen Rodins Angebot annimmt, als eine Art »Privat-Sekretär« bei ihm zu bleiben. Der »Meister« braucht einen Gehilfen vor allem für seine Korrespondenz, jemanden wie Rilke, der etwas vom Schreiben und von seinem Werk versteht. Rilke seinerseits braucht dringend Geld. Ende September 1905 kommt es denn auch zu einer entsprechenden Vereinbarung, die Rilke in einem Brief an *Ellen Key* vom 6. November 1905 so beschreibt:

> »*Rodin* will, *daß ich viel Zeit für mich haben soll, denn um mir zu helfen, hat er mir diese Stelle gegeben. Ich bin wie ein Gast gehalten, nach wie vor ... und überdies bezieh ich ein Monatsgehalt von 200 Frcs. – Es war mir eine glückliche Freude, meinen Vater auf diese Weise entlasten zu können.*« (R-R, 122)

Und nicht zufällig folgt gleich anschließend im selben Brief eine *zweite Äußerung* über die Präsenz des Buddha in Meudon:

> »*Rodins Villa ist ganz Land, schönstes Land, mit großer Weite. Vor meinem Fenster ist, auf einem kleinen Hügel, still hinaufgehalten ein Buddha und dahinter Sèvres, das liebe seelige Thal mit der rhythmisch-schönen Brücke über den schimmernden Fluß. Ich sende oder bringe Dir Bilder davon.*« (R-R, 124)

Die »Zeit für sich« nutzt Rilke, um u.a. einen Vortrag zu Rodin auszuarbeiten. Mit ihm kann er auf Reisen gehen, um im deutschsprachigen Raum über die Monografie hinaus noch stärker für das Werk Rodins zu werben (IV, 495-511). Für Oktober sind, wie wir hörten, Auftritte in Dresden und in seiner Heimatstadt Prag geplant. Die Reisen werden durchgeführt, und Anfang November kehrt Rilke nach Meudon zurück. Der Dialog mit dem Buddha »da draußen« kann weitergehen. Sein Brief von Mitte November 1905 an Rodin, der zur Zeit auf Reisen ist, bildet das *dritte Zeugnis* geheimer Zwiesprache. Um diese Jahreszeit liegt Nebel über Meudon, und die neblige Winter-Stimmung gibt der ganzen Szenerie noch einmal einen besonderen Zauber:

> »*meine Gedanken folgen Ihnen Stunde für Stunde, was gar nicht schwierig ist, denn man ist fast auf Reisen in diesen Schneenebeln, die alle vertrauten Dinge in die Ferne rücken und alles auswischen. Sogar die Vögel erkennen ihre Umgebung nicht mehr; einige (ganz schwarz vor den grauverhangenen Fernen) klopfen an mein Fenster, wie um den Weg zu erfragen. Der Buddha allein verharrt in seinem göttlichen Gleichgewicht (großzügig angeleuchtet vom Schnee auf seinem Schoß - ein wenig wie la Pensée im Luxembourg -), eigentlicher Herrscher und Weiser dieser fremdartigen Welt.«* (R-R, 126)

Zum Nebel kommt der Schnee. Die winterliche Szenerie verstärkt, was Rilke am Buddha ohnehin wahrnimmt und jetzt offensichtlich auf den »Begriff« bringt. Jetzt ist es weniger die »fanatische Schweigsamkeit«, die »Geschlossenheit seiner Gebärde« oder die »stille Zurückhaltung« als das »göttliche Gleichgewicht«. Das ist die Schlüsselerfahrung. Das ist das Besondere dieser Figur. Auch deshalb wollen wir die Wortwahl ganz ernst nehmen: Das Gleichgewicht, das Rilke hier sieht, nennt er »göttlich« und unterscheidet es damit von den üblichen Dingen, die irgendwie auch ihr Gleichgewicht haben. Das an der Buddha-Figur wahrgenommene »Gleichgewicht« hat offensichtlich einen ganz anderen Intensitätsgrad, eine ganz andere Dichte und Grundsätzlichkeit. Deshalb kann dieser Buddha – als ob er lebte – der Winterkälte standhalten. Deshalb kann er der »eigentliche Herrscher« der Welt genannt werden, unerschüttert, wie er ist, unberührt, ungerührt von äußeren Einflüssen der Welt; einer Welt, die Rilke nicht zufällig »fremdartig« nennt. Wie auch nicht? Bedenkt man die Distanz: Borobodur und Paris, Java und Meudon, Asien und Europa.

Bemerkenswert auch die Paarung: »Herrscher« *und* »Weiser«, was offenbar signalisieren soll: Die Herrschaft des Buddha ist keine politische, sondern eine geistige, beruht nicht auf Herrschaftswissen, sondern auf Lebensweisheit. Er ruht ganz in sich, dieser Buddha, lebt aus einer Mitte heraus, die ihn unerschütterbar macht. Ein weiterer Brief (an Clara, 21. November 1905) weist genau in diese Richtung – das *vierte Zeugnis* von Buddha:

> »*Wir sind noch immer in lauter Schnee, Himmel und Erde gleich voll davon; die kleinen Antiken haben sich alle von ihren Säulen geflüchtet, und nur der Buddha allein ist noch da, verschüttet, aber wie ohne Last, still, gleichmütig, auf eine neue Weise angeschienen (ein bisschen wie die Pensée im Luxembourg) und Herr auch in dieser neuen, unerwarteten Welt, die er ebenso längst zu kennen scheint wie jede andere.*«[52]

Jetzt – nach fast vier Wochen – fließt Rilke fast ein Liebesbekenntnis in die Feder. Der Dialog mit dieser Figur hat sich intensiviert. Rilke hat vom Fenster seines Häuschens aus mit der Buddha-Figur eine Beziehung aufgenommen wie zu einer lebendigen Person. Er bewundert, dass sie noch »da« ist, allen Witterungswidrigkeiten zum Trotz. Andere Figuren, die »kleinen Antiken« beispielsweise, hätten sich davongemacht, meint er. Nur der Buddha halte stand, »verschüttet«, wie er sei, ohne aber die Last zu spüren. Still und gleichmütig, ausgestattet offensichtlich mit einem uralten Wissen und so »Herr auch in dieser neuen, unerwarteten Welt«. Wer so redet (über eine Plastik notabene), verwischt bewusst die Grenze zwischen Figur und Person, der sieht in einer Buddha-Plastik mehr als ein Gebilde aus Stein, der sieht verdichtete geistige Energie, die Schwingungen erzeugt, Beziehungen ermöglicht. Der sieht, mit einem Wort, eine Wunsch- und Idealgestalt des Vollkommenen in der Welt. Eine Figur, die kraft des Geistes die Schwerkraft der Welt aufgehoben hat und so – frei von den Herrschaftsverhältnissen der Welt – die Welt beherrscht: in »göttlichem Gleichgewicht«!

Der Buddha - eine Figur im Raum

»Göttliches Gleichgewicht«: das ist die eine Wahrnehmung. Die andere, genauso wichtig, ist die Wahrnehmung des Raums. Der Blick aus dem Fenster des Häuschens macht sie möglich. In der Ferne ist die Brücke von Sèvres zu sehen. Sie führt über die Seine. Was das für den Buddha bedeutet, bekommt *Lou Andreas-Salomé* am 23. November 1905 zu hören, ein *fünftes Zeugnis* von der Präsenz des Buddha:

> »*Wenn es nicht die Arbeit ist, so ist es mein kleines Häuschen, seine Ferne und seine Nähe, was mich hält und beschäftigt, so sind es die schönen antiken Dinge und die Dinge Rodin's, unter denen ich mich bewege, so ist es: weil Alles, Alles hier draußen beisammen ist, was die anderen Leute ihr ganzes Leben lang nie an einem Ort zusammenkriegen. Dir mein kleines Häuschen (das ich, soviel an mir liegt, recht lange festhalten will) einmal zu zeigen, mit Dir an jenem Fenster zu stehen, vor dem der Buddha und die Ferne ist, die durch die Brücke von Sèvres wie in eine Strophe klingender Reime geordnet scheint, - ist eine Hoffnung, die ich mit manchem guten Gedanken nähren und pflegen will.*« (R-R, 133f.)

Nähe *und* Ferne. Beides *zugleich*. Der Buddha ist ganz nah, und zugleich geht der Blick in die Ferne, die durch die Brücke von Sèvres eine Struktur bekommt, sogar einen Rhythmus. Ein besonders eindrucksvolles dokumentarisches Foto lässt ahnen, was Rilke gesehen haben mag. Es ist, als *schwebe* der Buddha in der Landschaft, als habe er – schwer wie er ist – die Schwerkraft aufgehoben.

Die Welt Rodins nimmt Rilke ohnehin als Raum wahr. Wie auch anders? Plastiken sind Figuren im Raum, und zwar in einem dreifachen Sinn: Sie haben selber Raum-Volumen, strukturieren durch ihre Präsenz den äußeren Raum und eröffnen zugleich neue Räume. Eine Auseinandersetzung mit Plastiken als verdichtete Räume ist somit zugleich eine Auseinandersetzung mit der Welt als Raum. Die Hügellage Meudons gibt einem ohnehin das Gefühl, dem Himmel »gegenüber« zu sein. An *Arthur Holitscher*, 13. Dezember 1905:

> »*Wo haben Sie mich zuletzt verlassen? Nun finden Sie mich in einem kleinen Häuschen wieder, das Rodin gehört und in seinem Garten auf den Hängen von Meudon steht, den Himmeln gegenüber, vor denen fern, fern Saint-Cloud sich aufhebt, und immer das Fenster auf jenes Stück Seine gerichtet, das durch die Brücke von Sèvres zur Strophe geworden ist. Und da ist mein Leben. [...] Meine Kräfte versagen oft, aber Rodin hebt alles und hebt es über sich hinaus und stellt es in den Raum.*« (R-R, 144)

Unter diesen Umständen ist Rilke glücklich, weil ganz bei sich. Er erlebt ein Gleichgewicht von mönchsartiger Einsamkeit und künstlerischer Produktivität wie schon lange nicht mehr. Sein Häuschen ist eine Zelle, die Zukunft verspricht. So kann er arbeiten, die Arbeitsenergie Rodins im Rücken. Sogar »alt« möchte er so werden, 30 Jahre jung, wie er ist. Im selben Brief an *Arthur Holitscher* wird es heißen:

> »*Ich glaube an das Alter, lieber Freund. Arbeiten und Altwerden, das ist es, was das Leben von uns erwartet. Und dann eines Tages alt sein und noch lange nicht alles verstehen, nein, aber anfangen, aber lieben, aber ahnen, aber zusammenhängen mit Fernem und Unsagbarem, bis in die Sterne hinein.*« (R-R, 144)

Der Buddha, die Seine und die Brücke von Sèvres

»Bis in die Sterne hinein«: Die Raumerfahrung hat sich ins Kosmische gesteigert. Und wir Leser, die wir Rilkes Zwiesprache mit dem Buddha Brief für Brief bisher verfolgt haben, gewinnen den Eindruck, dass sich Tiefe und Weite der Wahrnehmung kaum noch steigern lassen. Der Prozess hat sich buchstäblich so verdichtet, dass Rilke jetzt, gegen Ende des Jahres 1905, das *erste »Buddha«-Gedicht* zu schreiben in der Lage ist. Die kosmische Dimension ist gerade hier unübersehbar. Noch einmal der Text, den wir aber nach wie vor ungedeutet lassen. Wir lesen ihn ein zweites Mal, jetzt aber schon besser vorbereitet, ihn genauer zu verstehen:

> *»Als ob er horchte. Stille: eine Ferne ...*
> *Wir halten ein und hören sie nicht mehr.*
> *Und er ist Stern. Und andre große Sterne,*
> *die wir nicht sehen, stehen um ihn her.*
>
> *O er ist Alles. Wirklich, warten wir,*
> *daß er uns sähe? Sollte er bedürfen?*
> *Und wenn wir hier uns vor ihm niederwürfen,*
> *er bliebe tief und träge wie ein Tier.*
> *Denn das, was uns zu seinen Füßen reißt,*
> *das kreist in ihm seit Millionen Jahren.*
> *Er, der vergißt was wir erfahren*
> *und der erfährt was uns verweist.«* (I, 462)

Ja, es ist, als sei jetzt alles sprachlich zur Präzision gelangt, was Rilke an der Buddha-Figur bisher beobachtet hatte. Sein *sechstes Zeugnis* bestätigt dies noch einmal, die erste Briefäußerung *nach* Entstehung des Gedichtes, nachzulesen im Brief an Clara vom 11. Januar 1906. Noch einmal klingt an, was uns bisher schon vertraut war: Motive wie Schweigsamkeit, Stille, Geschlossenheit der Gebärde, göttliches Gleichgewicht, Herrschaft und Weisheit. Jetzt aber kommt ein Motiv hinzu: das Motiv der sakralen Aura um den Buddha, erzeugt durch ein Mondlicht in der Nacht:

>*Und ich stehe an meinem Pult, das Fenster ist offen, und unten gehen die Gärtner umher, und dann und wann klingt ein Gerät, dem die Erde schnell den Mund zuhält, von Hoffnung. Und der Buddha ist groß und wissend, und man denkt, der Saft steigt in ihm. Und man möchte es ihm ansehen, daß er die ganze Nacht Herr über unzähliges Mondlicht war. Als wir gestern des klaren späten Abends vom Musée herunterbogen, da war die Mauer meines Gartens dunkel, aber dahinter war alles Mondlicht der Welt um den Buddha herum, wie die Beleuchtung eines große(n) Gottes-Dienstes, in dessen Mitte er verweilte, ungerührt, reich, von uralter Gleichgültigkeit strahlend.*< (R-R, 151)

Keine Winter-, sondern eine Mondnachtstimmung! Das Mondlicht verstärkt optisch noch den Eindruck, der Buddha sei so etwas wie ein Mittelpunkt der Welt, so sehr hat sich »alles Mondlicht« um ihn versammelt, und dieses Licht wirkt beim Buddha wie die »Beleuchtung eines großen Gottes-Dienstes«. Mehr und mehr hat die Buddha-Figur für Rilke den Charakter einer Epiphanie, einer Erscheinung von etwas, was in der Welt die Welt zugleich transzendiert, Teil der Welt ist und doch seltsam »ungerührt« dasteht, wie nicht von dieser Welt: »reich, von uralter Gleichgültigkeit strahlend«. So werden Rilke gerade in den »Neuen Gedichten« auch andere »Dinge« erscheinen: ein Apoll (»Archäischer Torso Apoll«), eine Engel-Figur an der Kathedrale zu Chartres (»L'Ange du Méridien«), eine Fensterrose, eine Rosenschale. Aber der Buddha ist eben kein »Ding« oder eine »mythische« Figur, er ist eine Figur der Geschichte, eine Figur der realen Welt.

Was ist aus Rodins Buddha-Figuren geworden? Nicht nur das Gelände in Meudon ist völlig umgestaltet worden, so dass weder Rilkes »Häuschen« noch der »kleine Hügel« noch der »Kiesweg« zu dem kleinen Hügel »überlebt« haben. Auch die Buddha-Figuren sind nicht mehr vorhanden. Irgendwann sind die fünf Gipsabdrücke verloren gegangen. Nachfragen im Rodin-Museum über ihr Schicksal sind negativ. Niemand weiß genau, was mit ihnen geschah. Vernachlässigung? Witterungserosion? Zerstörung? Doch wir haben die dokumentarischen Fotos. Wir haben Bilder, welche uns die Präsenz des Buddha im Park zu Meudon eindrücklich vermitteln. Bilder auch mit verschiedenen Personen und Personengruppen. Und wir haben die Texte, die wir sorgfältig auslegen wollen. Um ihre Existenz zu verstehen, müssen wir uns freilich nicht nur der kultur- und zeitgeschichtlichen Hintergründe vergewissern; das haben wir bisher getan. Wir dürfen auch nicht nur Selbstzeugnisse Rilkes heranziehen. Wichtig zum Verstehen der Gedichte ist auch eine – so könnte man sagen – ästhetische Dimension: das Phänomen Rodin, die sinnliche Präsenz des großen Künstler-Vorbilds, des Mannes, der alles »in den Raum« zu stellen vermag.

7. Rodin - der Buddha von Meudon

Alle Figuren Rodins seien »Schwingungen *einer* Kraft und *eines* Willens«, hatte Rilke schon am 2. September 1902 bei der ersten Kontaktaufnahme mit der Welt Rodins geschrieben. Rodin sei sehr groß und sehe seinem Werke ähnlich; es sei »eine Welt, um welche Sonne, Erde und alle Sterne kreisen: ein neues Sonnensystem«. Auch dies schreibt Rilke schon im September 1902 (R–R, 56). Mehr noch: Rodin sei »ein großer, ruhiger, mächtiger Widerspruch«; die Zeit fließe »von ihm ab«, und wie er arbeite alle Tage seines langen Lebens scheine er »unantastbar, sakrosankt und beinahe namenlos«; er und sein Werk seien von derselben Art und Wesenheit wie die alten Kathedralen. So an *Otto Modersohn*, 31. Dezember 1902. Und weiter heißt es dort:

> »Paris [...] rast wie ein bahnverirrter Stern auf irgendeinen schrecklichen Zusammenstoß zu. So müssen die Städte gewesen sein, von denen die Bibel erzählt, dass der Zorn Gottes hinter ihnen emporstieg, um sie zu überschütten und zu erschüttern.« (R-R, 65)

Wie ein »thronender östlicher Gott«

Ein Mensch – »Widerspruch« zu seiner Zeit? Der »einzige Mensch auf der Welt, der, voller Gleichgewicht und Kraft, sich zur Harmonie mit seinem Werk aufrichtet« (R–R, 53)? Ein Wort ist damit gefallen, das wir von Rilkes Buddha-Erfahrung bereits kennen. Und auch diese Wortwahl klingt uns im Blick auf den Buddha vertraut (an Clara, 18. September 1902):

»Aber vor allem die Arbeit. Was man bei Rodin fühlt: sie ist Raum, sie ist Zeit, sie ist Wand, sie ist Traum, sie ist Fenster und Ewigkeit.« (R-R, 57)

1905 setzt sich derselbe Tenor fort, jetzt sogar noch deutlicher in Richtung Buddha weisend, den Rilke 1902 noch nicht erwähnt. Schon im ersten Brief nach dem Wiedersehen, dem Brief vom 15. September 1905, heißt es:

»Er hat mich empfangen, aber das bedeutet nichts, wenn ich sage, herzlich; so, wie einen ein lieber Ort empfängt, zu dem man auf dichter gewordenen

Wege wiederkehrt: eine Quelle, die, während man fort war, gesungen hat und gelebt und gespiegelt hat, Tag und Nacht, - ein Hain, über den die Zugvögel hin und her geflogen sind, Schatten ausbreitend über sein Geflecht, - ein Weg an Rosen entlang, der nicht aufgehört hat, zu jenen entlegenen Plätzen zu führen; und wie ein großer Hund, so hat er mich empfangen, wiedererkennend mit tastenden Augen, befriedigt und still; und wie ein thronender östlicher Gott, nur bewegt innerhalb seines erhabenen Ruhens und Geruhens und mit dem Lächeln einer Frau und mit eines Kindes greifender Gebärde.« (R-R, 105f.)

Rodin am »Kiesweg« zu seinem Buddha in Meudon

Deutlicher kann ein Fingerzeig kaum sein. Rodin erscheint Rilke »wie ein thronender östlicher Gott«. Bewegungen? Sie gibt es nur *innerhalb* seines »erhabenen Ruhens und Geruhens«. Sein Lächeln? Zwar das einer Frau, dem Lächeln eines Buddha aber nicht unähnlich. Kein Zufall deshalb, dass Rilke wenige Tage später bei der Beschreibung der Buddha-Figur »die unsägliche Geschlossenheit seiner Gebärde«, das »göttliche Gleichgewicht« hervorhebt. Schauen wir uns zwei dokumentarische Fotos an. Sie zeigen Rodin an seiner Buddha-Statue, allein oder mit anderen Personen. Wer könnte übersehen: Das bärtige und so uralt aussehende Gesicht lässt bei diesem Mann in der Tat ein In-Sich-Ruhen, ein einzigartiges Gleichgewicht vermuten.

Rodin mit Besuchern auf dem »Hügel« vor seinem Buddha

»Seine Dinge kreisen um ihn wie Sterne«

Ein Gedicht auf Rodin, entstanden schon nach den ersten Begegnungen am 10. November 1902, hatte bereits in dieselbe Richtung gedeutet:

> »Er hat nicht Kindheit, nicht Alter.
> Seine Kindheit war die Jugend der Steine
> und sein Alter ist nicht das seine.
> Einsam steht der Gestalter
> unter Gestalteten;
> in seinen entfalteten Händen
> liegen die Länder.
>
> Seine Dinge kreisen um ihn wie Sterne,
> und stehn wie Sternbilder um ihn her.
> Seine Nähe erbaute er,
> und dann warf er sich eine Ferne.« (6, 764)

Eine Wahrnehmung, die sich drei Jahre später in Meudon noch einmal verdichtet. Rilke an *Gudrun von Uexküll* am 25. September 1905, an die Frau, die er im Sommer dieses Jahres auf Schloss Friedelhausen kennengelernt hatte:

> »Könnt ich Ihnen mit einem Wort sagen, wie groß er [Rodin] ist, so wäre ein Ausdruck gefunden, der die ganze Welt bedeutete und umfaßte. Ja, er ist groß. Er hat Recht, er ist Gesetz innerhalb jener großen, letzten Gesetze, von denen alles abhängt. Man hat oft das Gefühl: dass er der einzige ist, für den Gott die Sonne kommen und gehen läßt und die Frühlinge und die verwandelnden Winde und die aufbauende Stille der Sternennacht. Daß er der Einzige ist, von dem Gott weiß, weil keiner so ist wie er, alles nimmt, alles

liebt, sich hingiebt an alles mit einer Demuth, die ganz von selbst in Größe, in Erhabenheit, in Hoheit – d.h. in Einklang – übergeht.« (R-R, 112f.)

Die Pointe all dieser Beobachtungen lautet: Die Wahrnehmung der Person Rodins strukturiert die Wahrnehmung der Buddha-Figur vor. Korrespondenzen ergeben sich bis in den Wortlaut hinein. Oft dieselben Wendungen und Sprachpartikel: Ruhe und Geruhen; Gleichgewicht; Zeitlosigkeit der Erscheinung. Hinzu kommt die kosmische Dimension: Kreisen der Sterne, neues Sonnensystem, Gesetz. Rodin wird wahrgenommen und entsprechend stilisiert zu einer Art »Zentrum der Welt«. Aber dieses Zentrum ist Rodin nicht als Person (das wäre reine Götzendienerei), sondern als Künstler, weil er »jene großen, letzten Gesetze« plastisch sichtbar machen kann, »von denen alles abhängt«. Übersetzt bedeutet das: Rodin kann in seinen Werken die innere Gesetzlichkeit der Dinge so sichtbar machen, dass ihre Daseinsberechtigung fraglos wird. Es ist das innere Gleichgewicht seiner Figuren und Figurengruppen, eine Balance der Proportionen, eine innere Stimmigkeit der Formgesetze, die Rodin zu zeigen imstande ist. Ein Gleichgewicht, eine Proportionalität, eine innere Stimmigkeit und Gesetzmäßigkeit, die Rilke nicht durch die Materie Stein, sondern durch die Materie Sprache seinerseits zu erreichen versucht. Wie hatte er an *Franz Xaver Kappus*, den »jungen Dichter«, am 23. April 1903 von Viareggio aus geschrieben?

> *»Da gibt es kein Messen mit der Zeit, da gilt kein Jahr, und zehn Jahre sind nichts. Künstler sein heißt: nicht rechnen und zählen; reifen wie der Baum, der seine Säfte nicht drängt und getrost in den Stürmen des Frühlings steht ohne die Angst, dass dahinter kein Sommer kommen könnte. Er kommt doch. Aber er kommt nur zu den Geduldigen, die da sind, als ob die Ewigkeit vor ihnen läge, so sorglos still und weit. Ich lerne es täglich, lerne es unter Schmerzen, denen ich dankbar bin.* Geduld *ist alles!« (IV, 521)*

Und weil dies so ist, wollen wir noch einmal Rilkes allererste Äußerung bedenken, nachdem er den Buddha im Park zu Meudon entdeckt hatte:

> »unten vor dem Fenster steigt der Kiesweg zu einem kleinen Hügel an, auf dem in fanatischer Schweigsamkeit ein Buddha-Bildnis ruht, die unsägliche Geschlossenheit seiner Gebärde unter allen Himmeln des Tages und der Nacht in stiller Zurückhaltung ausgebend. C'est le centre du monde, sage ich zu Rodin. Und dann sieht er einen so lieb an, so ganz Freund. Das ist sehr schön und sehr viel.« (R-R, 111f.)

Wir spüren jetzt deutlicher als früher, dass hier sowohl Identifikation als auch Distanz zu Rodin signalisiert ist. Rilke steht ganz unter dem Eindruck des gewaltigen Werkes von Rodin, im Schatten des Meisters, begreift sich als dessen Jünger und Schüler. Das Werk lastet gewaltig auf ihm. Der Rückzug ins eigene »Häuschen« dagegen ist ein Rückzug ins Eigene. Deshalb wird ihm die Zwiesprache mit dem Buddha so wichtig. Es ist der Beginn der Befreiung zu einer eigenen Sprache, zu einer eigenen Gestaltung der Dinge. Denn in diesem Buddha wird jenes »Zentrum der Welt« sichtbar, in dessen *Dienst* auch Rodin mit seiner Kunst steht. Dieser Buddha ist der *gemeinsame* »Mittelpunkt« *beider*. Der Dialog mit ihm ist somit auch der Beginn einer Emanzipation Rilkes von Rodin und Durchbruch zu den »Wortplastiken« seiner eigenen Gedichte.

Das Programm des sachlichen Sagens

Machen wir uns zur Entwicklung Rilkes als Sprach-Künstler Folgendes klar: Nach den Russland-Reisen waren die lyrischen Arbeiten meist inspirierte Stimmungskunst gewesen. Die ersten beiden Teile des »Stundenbuches« zeugen davon: »Das Buch vom mönchischen Leben« (entstanden 1899) und »Das Buch von der Pilgerschaft« (entstanden 1901). Jetzt, unter dem Eindruck Rodins, bildet Rilke eine künstlerische Sprache aus, die dem geduldigen Sagen Recht gibt. Anstoß zu den Gedichten sind nun weniger »Stimmungen« als »Objekte«, »Dinge«. Das können Plastiken sein oder mythisch-geschichtliche Figuren, aber auch Tiere und Blumen. Sie lösen keine »Stimmung« mehr aus, vielmehr wird im geduldigen Anschauen dieser »Dinge« versucht, ihr »Wesen« sprachlich freizulegen, denn Sehen ist für Rilke keine stumme Inneneinkehr, sondern Tiefen-Wahrnehmung. An Rodins Plastiken hatte er genau dies erkannt: Der Künstler muss die »Dinge« so anschauen und dann mit seinem Material verwirklichen, dass deren »Wesen«, besser: deren Daseins-Sinn, noch besser: deren unhinterfragte Daseins-Berechtigung freigelegt erscheint.

Was Rilke künstlerisch jetzt erreicht hat, hat früh *Stefan Zweig* erkannt. In einer Rezension des ersten Bandes der »Neuen Gedichte« stellt schon er eine Beziehung her zwischen der Stein-Plastik und der Wort-Plastik, zwischen Rodins Bildhauer-Arbeiten und Rilkes Sprach-Modellierungen. Mit intensivem Betrachten umreiße er, Rilke, jetzt nicht mehr Gegenstände, schreibt Zweig, er dringe vielmehr in sie ein und durchmeißle sie. Nicht mehr der Malerei sei seine Kunst jetzt genähert, sondern der Plastik. Zweig wörtlich: »Und wie Rilke Plastik empfindet, mag sein Buch über Rodin bezeugen, dem er durch viele Monate als Sekretär zur Seite stand, von dem er dieses letzte Geheimnis gelernt zu haben scheint, auch im kalten Stein noch Licht und Schatten, Farbe und Bewegung ordnend zu verteilen, ohne Kolorierung polychrom zu sein, nur durch den inneren Rhythmus bewegt, durch die Reinheit der Linie allein melodisch«.[53]

Nachdenken über den Buddha als Plastik

Dass Rilke »plastisch« zu schreiben in der Lage ist, hatte mit seinem Leben unter Plastiken zu tun. Das ganze Leben mit Rodin besteht aus nichts anderem als Wahrnehmen, Anschauen, Betrachten. Rilkes Monografie von 1903 zeugt davon. Und so nehmen wir uns diese Schrift noch einmal vor und lesen sie in Ruhe durch. Es lohnt sich, denn wir stoßen hier auf eine auch für unser Thema höchst aufschlussreiche Stelle. Sie hilft uns, auch Rilkes Wahrnehmung des Buddha *als Plastik* besser zu verstehen. Was zeichnet Rodin zufolge das »plastische Ding« aus? Rilkes Antwort:

> *»Das plastische Ding gleicht jenen Städten der alten Zeit, die ganz in ihren Mauern lebten: die Bewohner hielten deshalb nicht ihren Atem an und die Gebärden ihres Lebens brachen nicht ab. Aber nichts drang über die Grenzen des Kreises, der sie umgab, nichts war jenseits davon, nichts zeigte aus den Toren hinaus und keine Erwartung war offen nach außen. Wie groß auch die Bewegung eines Bildwerkes sein mag, sie muss, und sei es aus unendlichen Weiten, sei es aus der Tiefe des Himmels, sie muss zu ihm zurückkehren, der große Kreis muss sich schließen, der Kreis der Einsamkeit, in der ein Kunst-Ding seine Tage verbringt. Das war das Gesetz, welches, ungeschrieben, lebte in den Skulpturen vergangener Zeiten. Rodin erkannte es. Was die Dinge auszeichnet, dieses Ganz-mit-sich-Beschäftigtsein, das war es, was einer Plastik ihre Ruhe gab; sie durfte nichts von außen verlangen oder erwarten, sich auf nichts beziehen, was draußen lag, nichts sehen, was nicht in ihr war. Ihre Umgebung musste in* ihr liegen.« *(IV, 417f.)*

Achten wir auf Formulierungen wie »Kreis der Einsamkeit«, »Ganz-mit-sich-Beschäftigtsein«, »Ruhe«, Beziehungslosigkeit nach »außen«, von »außen« nichts an »Verlangen oder Erwarten«. Sie lassen erkennen, dass Rilke auch in der Buddha-*Plastik* das wiederfindet, was er schon an der Gestalt Rodins und den Rodin-Figuren wahrgenommen hatte: »unsägliche Geschlossenheit der Gebärde«, »uralte Gleichgültigkeit«, »göttliches Gleichgewicht«. Bestätigt wird dies noch einmal in Rilkes *Vortrag zu Rodin*, geschrieben, wie wir hörten, im Spätherbst 1905, den der Dichter dann ab 1907 in überarbeiteter Form als zweiten Teil seiner Rodin-Monografie hinzufügt:

»Und wie prachtvoll springt bei Sèvres die Brücke über den Fluß, absetzend, ruhend, ausholend und wieder springend, dreimal. Und ganz dahinter der Mont Valérien mit seinen Befestigungen, wie eine große Plastik, wie eine Akropolis, wie ein antiker Altar. Und auch das hier haben Menschen gemacht, die dem Leben nahestanden: diesen Apollo, diesen ruhenden Buddha auf der offenen Blume, diesen Sperber und hier, diesen knappen Knabentorso, an dem keine Lüge ist.« (IV, 473f.)*

Der *»ruhende Buddha auf der offenen Blume«*: Wir schauen noch einmal auf die entsprechenden Fotos, die den Buddha als Teil der Raum-Ordnung sichtbar machen: mit Tal, Brücke, Fluss und Hügellandschaft. Zugleich begreifen wir: Bei der Betrachtung des Buddha wird Rilke nicht zum Buddhisten, denn er unterzieht sich gerade nicht nach Buddhas Vorbild einer schweigenden Meditation, sondern schreibt ein Gedicht. Sein Stillwerden vor dem Buddha führt gerade nicht zum Verstummen, sondern zum Ausdruck. Sein Schauen geht nicht in die Wortlosigkeit ein, sondern in die Worthaftigkeit, ja Wortmächtigkeit.

8. Nachdenken über das erste »Buddha«-Gedicht (1905)

Das zeigt bereits sein erstes Buddha-Gedicht sehr eindrücklich. Und wir fühlen uns jetzt genügend vorbereitet, eine Auslegung dieses Textes zu versuchen. Noch einmal der Wortlaut:

> »Als ob er horchte. Stille: eine Ferne ...
> Wir halten ein und hören sie nicht mehr.
> Und er ist Stern. Und andre große Sterne,
> die wir nicht sehen, stehen um ihn her.
>
> O er ist Alles. Wirklich, warten wir,
> daß er uns sähe? Sollte er bedürfen?
> Und wenn wir hier uns vor ihm niederwürfen,
> er bliebe tief und träge wie ein Tier.
>
> Denn das, was uns zu seinen Füßen reißt,
> das kreist in ihm seit Millionen Jahren.
> Er, der vergißt was wir erfahren
> und der erfährt was uns verweist.« (I, 462)

Anstoß zu diesem Gedicht ist zwar eine Plastik, eine Figur im Raum; sie hat ihre eigenen Gesetze, ihre Formensprache, ihre Schönheit und innere Dynamik; das haben wir uns bewusst gemacht. Aber Rilke lässt – wie schon in den Briefen, so auch im Gedicht – diese Distanz nicht spürbar werden, redet doch der Sprecher seines Textes von Buddha persönlich. Er bleibt zwar auf Distanz (»als ob *er* horchte«); geredet wird nicht *zu* Buddha, sondern *von* Buddha, dies aber direkt. Der Titel des Gedichtes lautet denn auch nicht »Auf eine Buddha-Figur«, sondern ganz elementar und unmittelbar »Buddha«. Leser der »Neuen Gedichte« konnten ja ohnehin nichts von dem wissen, was wir wissen und was Anstoß zu diesem Text gab: nichts von Meudon, nichts von Rodin, nichts von Borobodur. Sie haben und sollen nur haben den reinen Text: »Buddha«.

Der Buddha und wir: erste Strophe

Schon die Form des Poems ist bemerkenswert. Der erste Buddha-Text besteht symmetrisch aus drei vierzeiligen Strophen, allerdings mit *einer* auffälligen Asymmetrie. Das Reimschema der ersten Strophe weicht von dem der beiden anderen ab: a b a b (Strophe 1), a b b a in den Strophen 2 und 3. Warum eine solche Asymmetrie? Weil dadurch die Aufmerksamkeit für die erste Strophe noch einmal erhöht werden kann. Schon der erste Satz fasst uns Leser ja beinahe überfallartig: »Als ob er horchte«: Ein Halbsatz. Er setzt einen längeren Prozess des Schauens voraus, evoziert eine Plötzlichkeit des Erkennens, als ob man lange nachgedacht und auf einmal zu einer Erkenntnis gelangt sei. Schon ist Spannung erzeugt. Denn offen bleibt ja, ob dieser Buddha *wirklich* horcht (oder der Sprecher dies nur vermutet), und vor allem, *was* er erhorcht. Gleichzeitig ist durch die Beschwörung des Horchens ein Raum eröffnet. Denn Horchen kann man nur auf etwas, was von außen eindringt, von außen einwirkt. Damit ist in uns Lesern ein Raum aufgerissen, verstärkt durch die beiden Schlüsselworte »Stille« und »Ferne«.

Höchste Spannung, höchste Intensität damit schon in der ersten Zeile. Der Auftakt des Gedichtes ist bewusst nur ein Halbsatz, was die Dramatik erhöht, die Spannung intensiviert. Nach »Stille« erfolgt ein Doppelpunkt, was eine Atempause erzwingt. Nach »Ferne« drei Auslassungspunkte, was die soeben versprachlichte Beobachtung ins Unsagbare ausschwingen lässt. Stärker kann man Aufmerksamkeit nicht erzwingen als mit einem verkürzten Satz, dann mit zwei Kernworten, verbunden mit Punkt, Doppelpunkt und Auslassungszeichen, schließlich mit asymmetrischem Reimschema. Mit Recht ist in der Kritik beobachtet worden, dass »Stille« hier auch als Imperativ zu verstehen ist, Aufruf und Weisung – zum Einhalten, zum Aufhorchen, zum In-sich-selbst-Versinken: »Es ist Rilkes Wunsch nach gänzlicher Stille, nach ›allem Freilassen in allem‹, was dann soviel wie Wunschlosigkeit, Ende von Sehnsucht, Unwissen, Stillsein in nicht mehr vernehmbarer Stille bedeutet.«[54]

Wichtig auch schon für die *erste Strophe*: Der Buddha wird hier ganz offensichtlich von einem Sprecher betrachtet, der sich zum Anwalt eines Kollektivs macht: »wir«, »uns«. Bewusst unbestimmt ist das Kollektiv gehalten, so dass »wir Leser« uns eingeschlossen fühlen können: eingeschlossen im Sinne von mitgemeint, mitbehaftet, mitverpflichtet. Das lässt darauf schließen, dass es bei diesem Gedicht um eine Grundsatzreflexion geht, die überindividuell gilt, für Menschen schlechthin. Der Sprecher redet stellvertretend, will auf Grundaussagen hinaus. Welche? Die Begegnung mit dem Buddha im Zustand innerer Versenkung macht die Kraft der Stille und des Schweigens bewusst, mehr noch: sie verweist den Betrachter auf eine Ferne im doppelten Sinn des Wortes: Raum-Ferne und Zeiten-Ferne, aber so, dass offensichtlich er, der Buddha, etwas hört, was »wir« offenbar nicht mehr hören.

Eine Differenz wird aufgerissen: Buddha – wir, die auch in den nächsten beiden Zeilen der ersten Strophe noch einmal variiert wird: Buddha ist »Stern« unter anderen »großen Sternen«. Das erhebt ihn ins Kosmische. »Große Sterne« bilden einen Kreis um ihn, so dass er in der *Mitte* steht. Aber diese Sterne »sehen« wir nicht. Wir anderen also, wir Außenstehende, wir, die wir *nicht* Buddha sind, können offensichtlich zunächst noch gar nicht erkennen, um welch kosmische Größe es beim Buddha geht. Rilke hat damit von Anfang an das Spezifische eines Buddha aus der Welt des Mahayana im Blick: nicht den Menschen Siddhartha Gautama, sondern den kosmischen Buddha. Er fragt nicht wie ein Historiker nach dem Prinzen aus der Familie der Shakya, sondern wie ein Mahayana-Buddhist nach der universalen Bedeutung des Buddha-Ereignisses für den Betrachter.

»O er ist Alles«: zweite Strophe

Denn der hier beobachtete Buddha steht nicht bloß in der Mitte des Weltalls, er *ist* sie, er *ist* das Ganze. In der *zweiten Strophe* scheint der Sprecher dies zu ahnen, wenn er emphatisch ausruft: »O er ist Alles«. Und wie zur Bekräftigung hinzufügt: »Wirklich«!, wobei bei diesem Wort auch eine zweite Bedeutung mitschwingt: »*Wirklich*, warten wir«? Verwunderung klingt an, Ungläubigkeit. Erwarten wir *wirklich*, dass er uns sähe, ausgerechnet er, der diese kosmische Größe hat, sich selbst völlig zu genügen scheint, der buchstäblich »Alles« ist? Die sofort nachgeschobene Frage »Sollte er bedürfen?« unterstreicht das. Er, der »Alles« ist, bedarf er noch etwas, braucht er noch jemanden? Die Antwort gibt der Sprecher selber. Sie ist negativ: »Und wenn wir hier uns vor ihm niederwürfen, / er bliebe tief und träge wie ein Tier«.

Klar ist damit: Buddha befriedigt offensichtlich gerade nicht wie ein Gott oder ein Götze traditionelle religiöse Bedürfnisse, wie dies in der »Prostration«, der Niederwerfung des Gläubigen, zum Ausdruck kommt. Er sieht »uns« nicht, er bedarf unserer nicht, ihn interessieren wir nicht. Er ruht ganz in sich selber, in beziehungsloser Vollkommenheit, in »göttlichem Gleichgewicht«, in »fanatischer Schweigsamkeit«, von Menschen nicht abhängig, nicht berührt. Selbst wenn

»wir« uns vor ihm »niederwürfen«, er bliebe desinteressiert: »tief und träge wie ein Tier«. Unberührt, ungerührt. Die Augen bei jeder Buddha-Figur sind denn auch nicht zufällig durch gesenkte Lider halb geschlossen oder so geöffnet, dass sie durch den Betrachter hindurchschauen. In jedem Fall: Buddha blickt sein Gegenüber nicht an, nicht sorgend und nicht strafend, nicht aufmunternd und nicht tadelnd. Er blickt in die Tiefe seines Inneren oder in die Weite des kosmischen Raums.

Wohin der Buddha uns verweist: dritte Strophe

Wenn aber der Buddha bedürfnislos ganz in sich selber ruht, was bleibt dann für »uns« andere übrig? Nichts, wenn man das Gedicht richtig verstanden hat. Eine Einsicht freilich, die »uns« nicht kleinmachen, sondern zum Wesentlichen hin befreien soll. Denn offensichtlich hat der Sprecher dieses Gedichtes begriffen, dass Buddha als der Erwachte das erreicht hat, was man den Zustand der Vollkommenheit nennen kann. Deshalb kann Rilke ihn in einem seiner Briefe »groß und wissend« nennen, »Herrscher und Weiser«, ja »Zentrum der Welt«.

Die *dritte Strophe* enthält eine bemerkenswerte Zeitangabe: »Millionen Jahre« sowie die Angabe der Kreisbewegung. Beides soll die Zeitlosigkeit des Buddha zum Ausdruck bringen, wiederum im Kontrast zu »uns«, die wir nicht Buddha sind: »was uns zu seinen Füßen reißt, / das kreist in ihm seit Millionen Jahren«. Gesagt ist damit: Das, was wir an Buddha »plötzlich« als unsere Einsicht entdeckt zu haben glauben, das ist nichts Neues, ist uralt, ist schon ewig da. In Buddha haben sich das »Göttliche« und das Menschliche auf eine Weise verschmolzen, dass sie zu einer Einheit geworden sind, einer Nicht-Dualität. Göttliches und Menschliches sind nicht mehr getrennt im Sinne von Oben und Unten, Transzendenz und Immanenz. Buddha hat die Transzendenz in der Immanenz erlebt, und zwar in einer Weise, dass das »Göttliche« ganz in ihm schwingt, ganz in ihm kreist, ganz in ihm präsent ist. Damit aber ist eine Einsicht formuliert, die gerade nicht wieder neue Abhängigkeiten stiften, eine neue Dualität aufreißen soll zwischen Buddha und »uns«. Denn nach der Botschaft des Buddha kann jeder Mensch Buddha werden, die Buddha-Natur in sich erwecken.[55] Die letzten beiden Zeilen des ersten Gedichts bringen dies auf ihre Weise pointiert zur Sprache:

 »Er, der vergißt was wir erfahren
und der erfährt was uns verweist.«

Zwei Zeilen, die deutlich machen sollen, dass die Differenz zwischen Buddha und »uns« nicht dazu da ist, »uns« andere schnöde zu verwerfen. Vor dem Buddha sind wir vielmehr *»verwiesen«* in einem doppelten Sinn: *weggewiesen* vom Buddha als religiöser Alibifigur (den man durch Niederwerfung und Anbetung für seine religiösen Bedürfnisse verzwecken könnte) und *hingewiesen* auf diejenige ewige Wahrheit, die er als Erwachter erfahren hat: »göttliches Gleichgewicht« in und durch sich selber herstellen. Das ist die Wahrheit, die der Buddha für Rilke verkörpert und für die er den Künstler am ehesten prädestiniert sieht. Wie hatte er auf Schloss Friedelhausen im August 1905 in seiner »Morgenandacht« formuliert? Vor-formuliert können wir jetzt sagen, die wir das erste »Buddha«-Gedicht kennen:

»Geh hinein in dich und baue an deinem Schweren. Dein Schweres soll sein wie ein Haus in dir, wenn du selbst wie ein Land bist, das sich mit den Gezeiten verändert. Gedenke, dass du kein Stern bist: du bist keine Bahn.

Du musst für dich selbst eine Welt sein und dein Schweres muss in deiner Mitte sein und dich anziehen. Und eines Tages wird es wirken über dich hinaus in seiner Schwerkraft auf ein Schicksal, auf einen Menschen, auf Gott. Dann kommt Gott in dein Schweres, wenn es fertig ist. Und welche Stelle wüsstest du sonst, um mit ihm zusammenzukommen?« (IV, 584)

Wir verstehen jetzt noch besser, warum Rilke mit gerade dieser Buddha-Darstellung in Meudon etwas anfangen konnte: dem Buddha Amitabha. Denn dieser Buddha hat nicht eine Hand zur Lehre erhoben oder nach unten zur Freigiebigkeit geöffnet. Beide Hände sind vielmehr auf dem Schoß ineinandergefaltet und nach oben geöffnet. Das drückt, wie wir wissen, die Haltung der Meditation aus, der vollkommen inneren Versenkung. Für Rilkes Buddha-Verständnis ist das entscheidend. Denn nicht Details der Lehre des Buddha haben ihn interessiert, nicht der ethische Appell des Predigers Buddha, sondern ein Dreifaches, wie wir uns erinnern:

Wichtig ist die *Schweigsamkeit*, die Rilke »fanatisch« nennen kann, weil sie sich und anderen abgetrotzt ist. Der Buddha will nichts offenbaren, wohl aber vorleben.

Wichtig ist die *Geschlossenheit der Gebärde*. Rilke kann sie »unsäglich« nennen, weil sie sich jeder sprachlichen Ausdeutung entzieht, ein Geheimnis des In-sich-Ruhens bildet, das keine Sprache zu entschlüsseln vermag.

Wichtig ist die »*stille Zurückhaltung*«. Der Buddha drängt sich niemandem religiös oder ethisch auf, sondern ist als Person in völliger geistiger Konzentration Aufruf zur Nachfolge seines Lebens-Modells und seines Lebens-Wegs.

9. Im Widerspruch zur Zeit

Wir wollen registrieren: Wenn Rilke von Buddha spricht, ist das Wort »Stille« nicht weit, aufgerufen schon in der ersten Zeile seines ersten Gedichtes. Wir erinnern uns an seinen Brief an Otto Modersohn vom Dezember 1902, wenige Wochen nach der ersten Begegnung mit Paris. »Wie ein bahnverwirrter Stern« rase diese Stadt auf »irgendeinen schrecklichen Zusammenstoß« zu. So müssten die Städte gewesen sein, von denen die Bibel erzähle: »Dass der Zorn Gottes hinter ihnen emporstieg, um sie zu überschütten und zu erschüttern.«

Die Stille des Buddha und der Lärm der Städte

Die Buddha-Figur signalisiert die Kontrasterfahrung zu »dieser Zeit des Drängens und der Drähte«, dieser Zeit der »rasenden Geräte« (6, 758), wie Rilke im September 1902 geschrieben hatte. Im selben Monat hatte er bei seinem erwähnten Studium der Zeitschriften im Garten von Meudon ebenfalls bereits eine schrille Diskrepanz wahrgenommen. An Rodin, 11. September 1902:

> »Es war gestern in der Stille Ihres Gartens, dass ich zu mir selbst gefunden habe. Und nun ist der Lärm der ungeheuren Stadt fernergerückt. Und um mein Herz ist eine tiefe Stille, aus der Ihre Worte sich wie Statuen aufrichten«. (R-R, 54)

Der Buddha steht für etwas anderes. Und wir finden bei Rilke eine Briefstelle, die uns dies in einzigartiger Weise vermittelt. Als er im Mai 1906 aus seinem Garten in Meudon des Nachts Nachtigall-Stimmen hört, nimmt er dies zum Anlass, in einem Brief an Clara die Intensität des Gehörten ausführlich zu beschreiben. Rilke nimmt den Raum als durch Töne besetzt wahr, als völlig durchdrungen, so als ob Töne Energien wären, von denen man umgeben wäre, die einen Einfluss hätten, eine Macht bildeten. Hören wir in diese Szene hinein:

> »aber manchmal in der Nacht wache ich davon (Vogelstimmen) auf, dass es ruft, irgendwo unten im Tal ruft, anruft aus ganzer Seele. Jene süße steigende Stimme, die nicht aufhört zu steigen; die wie ein ganzes in Stimme verwandeltes Wesen ist, dessen alles: dessen Gestalt und Gebärde, dessen Hände und Gesicht Stimme geworden ist, nächtliche, große, beschwörende Stimme. Fernher trugs die Stille manchmal an mein Fenster heran, und mein Ohr übernahms und zog es langsam ins Zimmer hinein und, über mein Bett her, in mich hinein. Und gestern fand ich sie alle, die Nachtigallen, und ging in einem lauen, überdeckten Nachtwind an ihnen vorbei, nein, mitten durch sie durch, wie durch ein Gedränge von singenden Engeln, das sich gerade nur teilte, um mich durchzulassen, und vor mir zu war und sich hinter mir wieder zusammenschloß.«

Wir erinnern uns, dass vor demselben Fenster, in das die Stille einzog, der Buddha steht. Rilke fährt fort:

> »Und das war Lärm und war um mich und übertönte alle Gedanken in mir und alles Blut; war wie ein Buddha aus Stimmen, so groß und herrisch und überlegen, so ohne Widerspruch, so bis an der Grenze der Stimme, wo sie wieder Schweigen wird, schwingend mit derselben intensiven Fülle und Gleichmäßigkeit, mit der die Stille schwingt, wenn sie groß wird und wenn wir sie hören.«[56]

»Wie ein Buddha aus Stimmen«! Buddha verkörpert Schweigen intensiver »Fülle und Gleichmäßigkeit«. Kein schwaches, ohnmächtiges, kraftloses Schweigen. Ein Schweigen als Energiefeld, Grundvoraussetzung für produktive künstlerische Arbeit, für intensivste innere Sammlung und schöpferische Konzentration. So wie Rodin wird auch Buddha zu einem »großen, ruhigen, mächtigen Widerspruch« zur erlebten Zeit. Das hat mit Rilkes Großstadt-Erfahrung zu tun. Die Großstadt ist ja in der Kunst des beginnenden 20. Jahrhunderts – in Malerei, Musik und Literatur – sehr oft Metapher für »Elendsgefühl wie glitzernde Versuchung, faszinierende Maschinenwelt und absinthgrüner Sumpf«, so *Fritz J. Raddatz* in seiner Rilke-Biografie treffend: »Großartigkeit und Abgrund sind nur einen Schritt weit getrennt: Das liest man in Aragons *Le Paysan de Paris* so gut wie in Alfred Döblins *Berlin Alexanderplatz*, das sieht man auf den Bildern des Robert Delaunay wie alsbald im Film *Berlin: Die Symphonie der Großstadt* oder bei Chaplin. Rilke ist auch hier, nicht nur in der unerhörten Modernität seiner Formensprache, seiner Zeit ein gut Stück voraus.«[57]

Albtraum Großstadt

Wusste Rilke von der Weltausstellung wenige Jahre zuvor? Sehr wahrscheinlich. Er hatte ja von Rodin erfahren, woher der Pavillon de l'Alma stammt, gleich neben seinem Häuschen. Da dürfte ihm auch die Herkunft der Buddhas nicht verschwiegen worden sein. Auch nicht das Fortschrittspathos, die Technikverherrlichung, die Heilsversprechen durch technisch-industrielle Errungenschaften. Nach ersten Monaten Paris war Rilke aus dieser Stadt geflohen, wie wir hörten, und zwar ins italienische Viareggio ans Meer. Hier hatte er sich im »Buch von der Armut und vom Tode« in nur vier Wochen von Mitte April bis Mitte Mai 1903 seine Groß-stadt-Ängste von der Seele geschrieben:

> »Denn, Herr, die großen Städte sind
> verlorene und aufgelöste;
> wie Flucht vor Flammen ist die größte, –
> und ist kein Trost, daß er sie tröste,
> und ihre kleine Zeit verrinnt.
>
> Da leben Menschen, leben schlecht und schwer,
> in tiefen Zimmern, bange von Gebärde,
> geängsteter denn eine Erstlingsherde;
> und draußen wacht und atmet deine Erde,
> sie aber sind und wissen es nicht mehr.
>
> Da wachsen Kinder auf an Fensterstufen,
> die immer in demselben Schatten sind,
> und wissen nicht, daß draußen Blumen rufen
> zu einem Tag voll Weite, Glück und Wind, –
> und müssen Kind sein und sind traurig Kind.« (I, 234f.)

Mehr noch: Wie eine Fundamentalkritik an der durch die Macher der Weltausstellung vertretenen Ideologie liest sich, was Rilke am 19. April 1903 in Viareggio geschrieben hatte:

> »Die Städte aber wollen nur das Ihre
> und reißen alles mit in ihren Lauf.
> Wie hohles Holz zerbrechen sie die Tiere
> und brauchen viele Völker brennend auf.
>
> Und ihre Menschen dienen in Kulturen
> und fallen tief aus Gleichgewicht und Maß,
> und nennen Fortschritt ihre Schneckenspuren
> und fahren rascher, wo sie langsam fuhren,
> und fühlen sich und funkeln wie die Huren
> und lärmen lauter mit Metall und Glas.
>
> Es ist, als ob ein Trug sie täglich äffte,
> sie können gar nicht mehr sie selber sein;
> Das Geld wächst an, hat alle ihre Kräfte
> und ist wie Ostwind groß, und sie sind klein
> und ausgeholt und warten, daß der Wein
> und alles Gift der Tier- und Menschensäfte
> sie reizt zu vergänglichem Geschäfte.« (I, 250)

Dem Buddha die Würde wiedergeben

Seltsam zu denken, dass der Buddha von Meudon Bestandteil dieser Glitzerwelt von 1900 war, dieser Kunst-Welt aus »Metall und Glas«, mit seinem In-sich-Ruhen Gegenbild schlechthin zu Menschen, von denen es bei Rilke heißt, sie seien »tief aus Gleichgewicht und Maß« gefallen! Der Kontrast zwischen der Paris- und der Buddha-Erfahrung also könnte größer kaum sein. Hier das natürliche Mondlicht um den Buddha von Meudon, Symbol stärkster geistiger Konzentration. Dort das künstliche Licht der Städte, Symbol technisch erzeugter Zerstreuung. Hier der milde Glanz der Gestirne, dort der schreiende »Palast der Elektrizität«. Hier ein stiller Ort des »göttlichen Gleichgewichts«, dort die technisch-künstlich erzeugte Stätte des Vergnügens. Hier die Personifikation von Ruhe, Schweigen und innerer Sammlung, dort die Welt »rasender Geräte«. Hier eine Stille, die Zugang zum »Zentrum der Welt« ermöglicht, dort eine Stille, die Angst macht.

Womit vollends deutlich wird: Die Buddha-Erfahrung in Meudon wird zur Kontrasterfahrung eines Mannes, der, von Tolstojs ländlichem Russland und Vogelers dörflichen Worpswede kommend, sich in einer Albtraum-Kulisse namens Paris wiederfindet und neu nach einem eigenen »Gleichgewicht« sucht. Seinem geistigen Wurzelboden und Sinnzusammenhang war auch der Buddha entrissen und in Europa bei einer »Weltausstellung« zum Demonstrationsobjekt kolonialer Macht geworden. Schon Rodin hatte die Buddhas aus diesem Zwangs-Kontext befreit und ihnen einen eigenen Raum verschafft. Woraus folgt: Mit seinen Gedichten gibt Rilke den Buddhas von Borobodur ihre geistige Größe und stille Würde wieder. Jetzt herrscht wenigstens hier – wie in Chicago 1893 – »der Geist des weisen und humanen Buddha«!

10. Buddha und Christus: Rilkes Kontrasterfahrung

Rilke bleibt zunächst noch in Meudon, unterbrochen nur durch Weihnachtsferien in Worpswede und eine zweite Vortragsreise in Sachen Rodin, einschließlich einer Fahrt nach Prag anlässlich des Todes seines Vaters (14. März 1906). Die Freiheiten seines »Sekretärs« aber scheinen dem »Meister« mittlerweile offensichtlich zu groß. Nach Rilkes Rückkehr kündigt er das Arbeitsverhältnis aus nichtigem Anlass. Dieser fühlt sich einerseits gedemütigt und »wie ein diebischer Diener aus dem kleinen Haus« weggejagt, so in einem Rechtfertigungsbrief vom 12. Mai 1906 (R-R, 183), andererseits begrüßt er den Freiheitsgewinn für längst überfälliges eigenes Arbeiten. Ein kleines Pariser Hotel in der Rue Cassette Nr. 29 erweist sich als geeignete Unterkunft. Rilke wird hier bis Ende Juli 1906 bleiben. An seine Frau Clara schreibt er am 10. Mai 1906:

> »Und nun kommt das Ende so rasch, rasch auch wohl über seine Erwartung, weil er ein wenig aufs Land gehen und Haus und Garten ganz abschließen will. So denk ich Sonnabend in die Stadt ziehen; ich habe ein Zimmer gemietet in dem kleinen Hotel der rue Cassette (- No. 29 -), in dem wir einst Paula Becker besuchten, das Zimmer im Hochparterre unter dem ihren, das noch, über die Mauer gegenüber fort, die Gegenwart der grünen Klosterbäume sieht und wissen läßt. Ich habe es ohne Verpflichtung gemietet, von Woche zu Woche. Dort will ich nun sein und will mich über mich selbst besinnen und ein wenig mit dem, was in mir ist, allein bleiben. Und daran gehen, gleich, den Cornet fertig zu stellen und das B.d.B. einzuordnen (wozu ich noch keinen Augenblick frei und fähig war). Und dann und wann das Louvre sehen und das Cluny und in den schon so dunklen Alleen des Luxembourg-Gartens auf die graue Sonne draußen zugehen - …
> Sei nicht bange um das Kommende, Wege sind da, und wir werden sie sicher finden und im Laufe der nächsten Wochen gute Pläne machen.« (R-R, 180f.)

Die Gedichte »Römische Fontäne« und »Blaue Hortensie«

In der Tat sind die kommenden Monate in Paris literarisch höchst fruchtbar. Allein im Monat Juli entstehen 23 Texte, die allesamt in die erste Sammlung der »Neuen Gedichte« von 1907 eingehen werden. Jetzt entstehen auch die beiden Gedichte, die heute zum »ewigen« Bestand von Rilkes Gedichte-Kosmos gehören.

Am 8. Juli 1906 *»Römische Fontäne. Borghese«*:

> *»Zwei Becken, eins das andre übersteigend,*
> *aus einem alten runden Marmorrand,*
> *und aus dem oberen Wasser leis sich neigend*
> *zum Wasser, welches unten wartend stand,*
>
> *dem leise redenden entgegenschweigend*
> *und heimlich, gleichsam in der hohlen Hand,*
> *ihm Himmel hinter Grün und Dunkel zeigend*
> *wie einen unbekannten Gegenstand;*
>
> *sich selber ruhig in der schönen Schale*
> *verbreitend ohne Heimweh, Kreis aus Kreis,*
> *nur manchmal träumerisch und tropfenweis*
>
> *sich niederlassend an den Moosbehängen*
> *zum letzten Spiegel, der sein Becken leis*
> *von unten lächeln macht mit Übergängen.« (I, 489f.)*

Wenige Tage später dann, Mitte Juli, das Gedicht »*Blaue Hortensie*«:

>»So wie das letzte Grün in Farbentiegeln
>sind diese Blätter, trocken, stumpf und rauh,
>hinter den Blütendolden, die ein Blau
>nicht auf sich tragen, nur von Ferne spiegeln.
>
>Sie spiegeln es verweint und ungenau,
>als wollten sie es wiederum verlieren,
>und wie in alten blauen Briefpapieren
>ist Gelb in ihnen, Violett und Grau;
>
>Verwaschnes wie an einer Kinderschürze,
>Nichtmehrgetragnes, dem nichts mehr geschieht:
>Wie fühlt man eines kleinen Lebens Kürze.
>
>Doch plötzlich scheint das Blau sich zu verneuen
>in einer von den Dolden, und man sieht
>ein rührend Blaues sich vor Grünem freuen.« (I, 481)

Viel ist über diese Gedichte geschrieben worden, und der Überfülle der Deutungen wollen wir nichts hinzufügen. Uns genügt hier die Feststellung, dass Rilke nach der unfreiwilligen Befreiung von Rodin zu Texten fähig wird, die auf geradezu vollkommene Weise dem Anschauen der Dinge Sprache verleihen. Das Brunnen-Sonett vollzieht die fallende Bewegung des Wassers von oben nach unten in einem einzigen Satz nach und ist derart auf das bewegte Wasser konzentriert, dass es vollständig ohne ein lyrisches Ich auskommt. Was hier buchstäblich wahrgenommen wird – das Wasser des Wassers – bleibt ganz bei sich, schwingt in sich, bleibt beziehungslos nur es selber, entspricht keiner Erwartung von außen. Mit einem Wort: Was Rilke an den Plastiken aus Stein bei Rodin wahrgenommen hat, setzt er hier mit seinem »Material« kongenial um: mit der Sprache.

Wahrnehmen in höchster Intensität bestimmt auch das Blumen-Sonett. Vollends wird deutlich, was Rilke unter Anschauen versteht. Ein Wahr-Nehmen im doppelten Sinn des Wortes: subjektives Beobachten, Vorstellen, Registrieren und sachliches Sagen, Eindringen in den Gegenstand, Erfassen des »Wesens« der Dinge. Und hier ist »das Ding« nicht etwa eine Blume wie in der traditionellen Naturlyrik, sondern die Farbe. Das verleiht dem Gedicht eine einzigartige innere Dramatik. Nicht die Geschichte der Pflanze wird »erzählt«, sondern die des Blaus ihrer Blüten und zwar in allen Stadien und Schattierungen seiner Verfallsverfeinerungen. Die Verselbstständigung der Farbe macht dieses Blumen-Gedicht zu einem unverwechselbaren Wort-Kunstwerk, dem in der Malerei derjenige Künstler entsprach, dem Rilke wie kaum einem anderen Maler huldigen wird: *Paul Cézanne*.[58]

Das Christus-Gedicht »Der Ölbaum-Garten«

Wir halten an dieser Stelle einen Moment inne und fragen: Ist Rilke nicht ein durch und durch europäischer Künstler, tief beeinflusst von der christlichen Tradition? Wieso dann Buddha? Warum nicht Christus? Wo bleibt der Dialog mit der zentralen Figur der christlichen Überlieferung? Er erfolgt bei Rilke durchaus, und die »Neuen Gedichte« dokumentieren auch dies. Denn auffällig ist, dass Rilke sich nach dem ersten Buddha-Gedicht offensichtlich zu einer Auseinandersetzung mit der Christus-Figur herausgefordert sieht. Für uns Gelegenheit, beide Figuren auf der Ebene der »Neuen Gedichte« miteinander zu vergleichen, ohne dass wir hier ins Detail gehen können. Nur das Nötige kann gesagt werden, um Rilkes Interesse an der Buddha-Figur auch von hierher besser zu verstehen.

Mit der Figur Christi, ihm seit seiner katholischen Kindheit in Prag vertraut, hatte Rilke sich schon früh auseinandergesetzt und zwar in einer Radikalität der Kritik und Entzauberung, die man psychologisch nur als Befreiung von einer – vor allem durch die Mutter verkörperten – bigotten und repressiven Frömmigkeit verstehen kann. Christus hatte er in seiner Kindheit als »gebraucht« und »verbraucht« erlebt: benutzt zur Erzeugung von Schuldgefühlen, zur Unterdrückung einer freien Entwicklung und zur Befriedigung religiöser Bedürfnisse aller Art. Noch 1922 muss sich der Autor des »Malte« von seiner Mutter in der Rückschau auf seine Kindheit anhören, er sei – um Mitternacht geboren wie »unser Heiland« – der »gnadenreichen Madonna« geweiht worden, habe »vormittags im Bettchen« das »kleine Kreuzchen« bekommen, so dass Jesus sein »erstes Geschenk« geworden sei.[59]

Überhaupt scheint eine bestimmte Art von Kreuzesspiritualität zum Erziehungsprogramm von *Phia Rilke* gehört zu haben, die *Herta König* gegenüber einmal bekannte: »Sehen Sie, da habe ich René gelehrt, wie man beten muss – war drei Jahre alt –, dass das große Schmerzen waren vom Heiland, dass wir deswegen nie klagen dürfen, wenn wir Schmerzen haben.«[60] Überhaupt spiegelt der ganze von Herta König überlieferte Bericht die fatale Rolle einer bestimmten katholischen Frömmigkeit bei Rilkes Mutter wider, insbesondere die repressive Funktion der Figur des leidenden Christus. Der Psychoanalytiker *Tilmann Moser* hat Mitte der 1970er Jahre ein viel diskutiertes Buch über »Gottesvergiftung« geschrieben. Bei

Rilke könnte man mit Fug und Recht vom Fall einer »Christusvergiftung« sprechen. Frühe Texte wie »Glaubensbekenntnis« von 1893 (6, 489-491) oder »Der Apostel« von 1896 (III, 47-52) gipfeln in ihrer religionskritischen Schärfe in den »Christus-Visionen« Rilkes, entstanden zwischen Oktober 1896 und Sommer 1897, in denen der jetzt 22-jährige einen radikalen Bruch mit seiner christlichen Sozialisation vollzieht. Rilke imaginiert einen Christus, der nicht nur seiner eigenen Gottheit entsagt, vielmehr sich von Gott missbraucht fühlt, ja nach seinem Tod entdeckt, dass der Himmel leer ist. Als Untoter wandert er ruhelos über die Erde, dem Juden Ahasver gleich, stirbt tausend Tode, weil die Verhältnisse auf Erden ihn immer wieder ans Kreuz bringen.

Mit Christus als leidendem Gottessohn und Erlöser am Kreuz also hatte Rilke schon früh »abgerechnet«. Zehn Jahre nach den »Christus-Visionen« (die wohlweislich unveröffentlicht bleiben) kommt er in den »Neuen Gedichten« auf die Christus-Figur noch einmal zurück. Als Gegengewicht zu Buddha? Als bewusste Kontrastierung? Als scharfe Abgrenzung zu einer Welt, die er längst verlassen hatte und die er zu überwinden trachtete? Wir wissen nichts Genaues, haben keine Quellen zur Entstehung der Gedichte. Wir wissen nur: Das Schlüsselgedicht »Ölbaum-Garten« (I, 451f.) entsteht Mai/Juni 1906, wenige Monate nach dem ersten und wenige Wochen vor dem zweiten »Buddha«-Gedicht, das wir gleich anschließend in den Blick nehmen werden. Das wird kaum Zufall sein. Denn in diesem Text kommt uns mit Christus kein Mensch in seiner inneren Ruhe entgegen, in der Geschlossenheit seiner Gebärde, in der Stille der Meditation, sondern ein angstgequälter, einsamer, verzweifelter Mensch. Rilke bleibt in seinem Gedicht auf eine einzige Szene aus dem Leben Jesu konzentriert, die deshalb umso dramatischer »aufgeladen« werden kann: die Agonie Jesu im Garten Gethsemane vor Verhaftung, Verurteilung und Kreuzigung. Aber nicht die äußere Passion wird gestaltet, sondern die innere: das Drama eines von Gott und den Menschen verlassenen Mannes, eines Menschen ohne Gleichgewicht, ohne innere Ruhe, ohne souveräne Gelassenheit.

Das Christus-Gedicht »Pietà«

Ein zweites Christus-Gedicht »Pietà« (I, 460) entsteht im selben Zeitraum Mai/ Juni 1906. Auch hier ist die Grundstruktur dieselbe, nur dass Jesus in diesem Gedicht nicht mehr im Zustand der Agonie, sondern bereits in dem des Todes gezeigt wird. In »Ölbaum-Garten« hatte der Rilkesche Christus die Kreuzigung noch vor sich, hier hat er sie hinter sich. Füße und Hände zeigen Spuren der »Zerrissenheit«, die umso schmerzlicher erlebt werden können, als Rilke sie uns aus der Perspektive einer leidenden Geliebten zeigt. Denn auffällig ist: Rilke hat das klassische »Pietà«-Motiv in diesem Gedicht verschoben: von Maria, der Mutter Jesu, auf Maria Magdalena, Jesu »Geliebte«. Das verstärkt noch die Menschlichkeit des Toten, der auch in diesem Fall auf dem Schoß einer Frau liegt. Der Tod am Kreuz wird nicht als Sühnetod eines Erlösers beschrieben, sondern als schmerzlicher Verlust für eine trauernde Frau, die einstmals die Füße ihres Geliebten mit ihren Haaren zu umkosen pflegte. So wird – in paradoxer Umkehr – ausgerechnet die Stunde der Kreuzesabnahme zu einer schon früher ersehnten, aber nie vollzogenen »Liebesnacht«. Wird der Tod zum Abschied von erotischen Sehnsüchten, die ein für allemal keine Erfüllung finden. Am Ende bleibt die Klage einer verlassenen Frau über nicht Erreichtes (»wann war unsere Stunde?«) und die Einsicht in ein gemeinsames Zu-grunde-Gehen.

Ein Vergleich Christus – Buddha auf der Basis der »Neuen Gedichte« lässt nur den einen Schluss zu: An der Figur des Christus hat der durch eine fatale frühkindliche katholische Erziehung geprägte Rilke alles abgestreift, was mit Sündenbewusstsein, Erlösungsnotwendigkeit, Kreuzesspiritualität zusammenhängt. Jesus ist für ihn schon früh und auf der Ebene der »Neuen Gedichte« schon längst kein »Gott« mehr, auch kein »Gott«-Ersatz, sondern bestenfalls ein kämpfender, einsamer, verzweifelt um seinen Gott ringender Mensch, ein Mensch nicht mit der Gebärde des Erlösers, sondern mit den »heißen Händen« eines Kämpfers. Wie hatte er doch Ende Dezember 1903 von Rom aus an *Franz Xaver Kappus*, den »jungen

Dichter«, geschrieben – ein Text, der einmal mehr Rilkes Christus- und Mohammed-Verständnis verdichtet – unter Anspielung nicht zufällig auf die Kindheit:

> »Und wenn es Ihnen bang und quälend ist, an die Kindheit zu denken und
> an das Einfache und Stille, das mit ihr zusammenhängt, weil Sie an Gott
> nicht mehr glauben können, der überall darin vorkommt, dann fragen Sie
> sich, lieber Herr Kappus, ob Sie Gott denn wirklich verloren haben? Ist es
> nicht vielmehr so, dass Sie ihn noch nie besessen haben? Denn wann sollte das
> gewesen sein? Glauben Sie, ein Kind kann ihn halten, ihn, den Männer nur
> mit Mühe tragen und dessen Gewicht die Greise zusammendrückt? Glauben
> Sie, es könnte, wer ihn wirklich hat, ihn verlieren wie einen kleinen Stein?
> Oder meinen Sie nicht auch, wer ihn hätte, könnte nur noch von ihm verloren
> werden? – Wenn Sie aber erkennen, dass er in Ihrer Kindheit nicht war, und
> nicht vorher, wenn Sie ahnen, dass Christus getäuscht worden ist von seiner
> Sehnsucht und Mohammed betrogen von seinem Stolze, – und wenn Sie mit
> Schrecken fühlen, dass er auch jetzt nicht ist, in dieser Stunde, da wir von ihm
> reden, – was berechtigt Sie dann, ihn, welcher niemals war, wie einen Vergan
> genen zu vermissen und zu suchen, als ob er verloren wäre?« (IV, 532)

Die Schlussfolgerung kann nur lauten: Buddha wird Rilke zum Kontrastbild einer anderen Art von »Frömmigkeit«. Er stammt ja auch nicht aus einer ihn belastenden Kultur. Im Buddha hat Rilke nicht das Bild eines Erlösers vor Augen, sondern das eines Meditierers. Auch nicht das Bild eines Zerrissenen und Verzweifelten, sondern das eines in sich Ruhenden. Vor-Bild aller künstlerischen Hingabe, aller geistigen Kreativität, aller Gott-Natur im Menschen selbst, die künstlerisch »erweckt« zu werden verdient. Das hat mit Rilkes ganz eigenem Gottesverständnis zu tun, das wir noch eigens in den Blick nehmen müssen.

11. Nachdenken über das zweite »Buddha«-Gedicht (1906)

Am 19. Juli 1906 entsteht das zweite Buddha-Gedicht. Rilke wird es im ersten Band der »Neuen Gedichte« unmittelbar vor »Römische Fontäne« setzen.

Buddha I und II: der Unterschied

Den Buddha von Meudon hat Rilke jetzt nicht mehr vor Augen. Er hat jetzt Distanz zu Rodin und gleichzeitig die Freiheit, ganz zu sich selbst zu kommen. Der »Buddha« wird nun erst recht zu einem Mittelpunkt der Freiheit, der aufs Neue in ganz eigener Sprache beschworen werden kann, gerade weil die Christus-Gedichte scharf die Zäsur zu einer Welt markieren, die Rilke endgültig hinter sich gelassen hat. Die Distanz zu Rodin zeigt jetzt ihre heilsame Wirkung. Wiedergewinnung einer eigenen Poesie und Poetik wird möglich. Das zweite Gedicht noch einmal im Wortlaut:

> »Schon von ferne fühlt der fremde scheue
> Pilger, wie es golden von ihm träuft;
> so als hätten Reiche voller Reue
> ihre Heimlichkeiten aufgehäuft.
>
> Aber näher kommend wird er irre
> vor der Hoheit dieser Augenbraun:
> denn das sind nicht ihre Trinkgeschirre
> und die Ohrgehänge ihrer Fraun.

Wüßte einer denn zu sagen, welche
Dinge eingeschmolzen wurden, um
dieses Bild auf diesem Blumenkelche

aufzurichten: stummer, ruhiggelber
als ein goldenes und rundherum
auch den Raum berührend wie sich selber.« (I, 489)

Der Unterschied zum ersten Gedicht? Schon äußerlich ein dreifacher:

- Das erste Buddha-Gedicht hatte mit seinen drei Strophen zu je vier Zeilen eine relativ offene Gestalt. Jetzt die strengere Form: ein Sonett, das zwei vierzeilige und zugleich zwei dreizeilige Strophen erfordert.
- Im ersten »Buddha«-Gedicht redet ein Sprecher direkt von Buddha und macht sich zugleich zum Sprachrohr eines Kollektivs (»wir«), so uns Leser suggestiv miteinbeziehend. Jetzt, im zweiten Gedicht, verbirgt sich der Sprecher hinter einer Figur, einem »Pilger«. Dessen Erfahrungen mit einer Buddha-Figur werden wiedergegeben.
- War die Buddha-Figur im ersten Gedicht noch identisch mit dem Meditations-Buddha von Borobodur, wie Rilke ihn im Park zu Meudon gesehen hatte, hat der Pilger jetzt eine andere Buddha-Figur vor Augen: eine mit Gold überzogene Gestalt, wie sie in der Welt des Mahayana-Buddhismus häufig anzutreffen ist. Gold als Symbol der Vollendung des »Erwachten«.

Wider den religiösen Normalbetrieb

In der *ersten Strophe* des Gedichtes ist der »fremde, scheue Pilger« ganz offensichtlich zunächst als eine Figur des religiösen »Normalbetriebs« konzipiert. Man »pilgert« zur Gottheit, weil man dies braucht und weil man die Gottheit durch religiöse Leistungen für sich gewogen machen will. Zugleich aber wird an dieser

Pilger-Figur nicht nur ein äußerer Annäherungs-, sondern vor allem ein innerer Erkenntnisweg gezeigt.

Zunächst die äußere Annäherung: »von ferne« – »näher kommend«. Zugespitzt könnte man formulieren: Von Weitem sieht für den Pilger zunächst alles nach einem ganz normalen »religiösen Betrieb« aus, der mit Buddha als Gott oder Gott-Ersatz angestellt wird. Seine Figur scheint von Gold nur so überschüttet, wie wenn reiche Leute aus »Reue« über ihr Leben den Buddha überladen hätten. Tritt man aber näher an den Buddha heran, wird man als Gläubiger »irre«, und zwar beim direkten Anblick des Buddha (»Hoheit dieser Augenbraun«). Denn plötzlich sind all die frommen Gaben und Abgaben (»Trinkgeschirre«, »Ohrgehänge«) des religiösen Betriebs unerkennbar und damit letztlich bedeutungslos. Denn niemand weiß wirklich zu sagen, wo die frommen Spenden des Einzelnen wohl geblieben sein könnten, die den Goldüberzug der Figur auf dem »Blumenkelch« ermöglichten, buchstäblich produzierten. Alles ist eingeschmolzen, ist unidentifizierbar geworden, sodass jeder Versuch eines individuellen Nachweises der religiösen Leistung völlig sinnlos ist.

Der Buddha aber ist von all dem nicht berührt. Er ruht, wie es in der letzten Strophe heißt: »stummer, ruhiggelber / als ein goldenes und rundherum / auch den Raum berührend wie sich selber«. Beachten wir die ungewöhnliche, Sprachgewohnheiten bewusst sprengende Steigerungsform: »stummer«, »ruhiggelber«. Sie wollen signalisieren: Der Buddha selbst ist mehr als bloß stumm, mehr als gewöhnlich golden. Er besitzt eine eigene, gesteigerte Wirklichkeit: stummer als stumm, gelber als jedes Gold. Sein Gold ist etwas anderes als das Gold der Ohrgehänge und der Trinkgeschirre.

Ein heilsames Irre-Werden vor dem Buddha

Entsprechend zeigt auch das zweite Buddha-Gedicht das Durchschauen traditioneller religiöser Bedürfnisbefriedigung. Die Wendung »Hoheit dieser Augenbraun« signalisiert schon früh, dass ein religiöses Abhängigkeitsverhalten an einer Figur wie Buddha abprallt, ihm jedenfalls in gar keiner Weise entspricht. Buddha ist einer Form religiöser Praxis gegenüber buchstäblich erhaben, die durch Gaben und Abgaben Abhängigkeit von der Gottheit dokumentiert. Umkehr der Perspektiven findet statt: War der Fremde, der Scheue anfangs dem Buddha »von ferne« nah, so entfremdet er sich mehr und mehr, je näher er kommt.

»Irre« wird der Pilger in Rilkes Gedicht und »irre« soll jeder werden, der das Göttliche so verzweckt. Rilke schickt somit seinen Pilger bewusst auf einen »Irr-Weg«, lässt ihn ahnen, dass man eine Figur wie den Buddha in ihrer »Hoheit« nicht einfach religiös wie einen Helfer-Gott oder einen Schicksals-Götzen benutzen kann. Als ob es für den Buddha darauf ankäme, welchen individuellen Anteil an frommen Leistungen ein Mensch erbracht hätte. Buddha zeigt, wie man Buddha werden kann, nicht, dass man Buddhist werden soll. Das zweite Buddha-Gedicht verstärkt also die Kritik am religiösen Betrieb, wie sie im ersten Gedicht mit dem doppelsinnigen Wort »verweist« schon angeklungen war.

Ein bisher unerhörtes Motiv in Rilkes Werk? Mit den Buddha-Gedichten erstmals eingeführt? Keineswegs. Denn diese Art der scharfen Kritik an einem religiösen Anspruchs- und Besitzdenken, an einer Bedürfnisbefriedigung durch Religion, hat bei Rilke vor allem im »Stundenbuch« ihren werkgeschichtlichen Ort. Das »Pilger«-Motiv war hier bereits eingeführt und breit behandelt worden. Erinnern wir uns: Das gesamte zweite Buch dieses Werkes trägt den Titel »Von der Pilgerschaft«. Nur wenige Jahre vor den »Buddha«-Gedichten war es entstanden, zwischen dem 18. und 25. September 1901 in Westerwede. Wir erlauben uns um der Sache willen einen Rückblick auf dieses Werk.

12. Rilkes Reden von Gott

Längst hatte sich Rilke zu dieser Zeit von der Welt katholischer Frömmigkeit seines Prager Elternhauses verabschiedet. Das haben wir gehört. Und das gilt von der Christusfrage genauso wie von der Gottesfrage. Wir können uns auch hier nur auf Grundinformationen einlassen.[61] Aber so viel muss gesagt werden: Unter dem Eindruck der Religionskritik Nietzsches hatte Rilke nicht nur eine bestimmte Form von Christusfrömmigkeit verabschiedet, sondern noch grundsätzlicher die Vorstellung einer metaphysischen Überwelt mit Gott als Wesen jenseits der Welt. Man lese nur Rilkes »Geschichten vom lieben Gott«, entstanden im November 1899 zwischen der ersten und der zweiten Russlandreise (1. Auflage 1900, 2. Auflage 1904), und man wird Texte entdecken, die schon früh »eine geradezu polemisch-subversive Infragestellung der biblischen Gottesvorstellungen betreiben« (III, 851).

Gott – die »grenzenlose Gegenwart«

Aufgrund der Erfahrungen während der beiden Russlandreisen hatte Rilke freilich zu einer anderen Form der Gottesrede gefunden. Durchgerungen hatte er sich zu einem Kunst- und Gottesverständnis, demzufolge »Gott« für den Künstler mit jedem Kunstwerk neu geschaffen werden muss. Im Künstler geschieht »Auferstehung Gottes«, im Künstler, einsam und allein auf sein Werk verpflichtet. In Russland hatten sich Gedanken vom Künstler als Gottes-Gebärer vertieft, und Rilke hatte sie schon im ersten Buch »Vom mönchischen Leben« (entstanden September/Oktober 1899) in die unerhörten Verse gebracht, die er nicht zufällig einem russischen Ikonen-Malermönch in den Mund legt:

> *»Wir bauen an dir [Gott] mit zitternden Händen*
> *und wir türmen Atom auf Atom.*
> *Aber wer kann dich vollenden,*
> *du Dom.«* (I, 164)

Oder noch deutlicher:

> *»Was wirst du tun, Gott, wenn ich sterbe?*
> *Ich bin dein Krug (wenn ich zerscherbe?)*
> *Ich bin dein Trank (wenn ich verderbe?)*
> *Bin dein Gewand und dein Gewerbe,*
> *mit mir verlierst du deinen Sinn.«* (I, 176)

War Gott damit aber nur noch das Geschöpf menschlicher Einbildungskraft? War die das ganze »Stundenbuch« durchziehende Gottesrede nur die krude Projektion menschlicher Fantasien oder eine Überhöhung menschlicher Kreativitätspotenziale? Schaut man genau hin, entdeckt man, dass es neben solchen nach reiner Projektion klingenden Versen in dieser Dichtung auch andere Sprechhaltungen von Gott gibt. Ja, diese Gedichte haben ihr Spezifikum gerade darin, dass Rilke eine Überfülle von Metaphern benutzt, die Gott benennen, aber nirgendwo definieren. Gott ist der »uralte Turm«, ist »dunkel und wie ein Gewebe von hundert Wurzeln«, ist der »Nachbar«, von dem nur eine »schmale Wand« trennt, ist »Dunkelheit« und »große Kraft«, ist »werdende Tiefe«, »Raum«, »Angesicht«, »grenzenlose Gegenwart«, ist »Ding der Dinge«, »Wald der Widersprüche«. So geht es Vers für Vers. Ein Bild übersteigt das nächste. Wie Wellen überschlagen sich die Bilder, überholen sich, korrigieren sich, heben sich auf. Rilke greift hier zu einer Poetik des Bilder-Sturms, der Metaphernexplosion.

Die Anwendung dieser Redeform entspringt dabei keineswegs enthusiastischer Gefühls-Übersteigerung, sondern kalkulierter literarischer Strategie. Rilke kann mit diesen sich überschlagenden, ohne wirklichen Anfang und ohne wirkliches Ende rauschhaft dahinfließenden Vers- und Bildkaskaden zeigen, wie sehr die Wirklichkeit Gottes buchstäblich grenzenlos, unbegreiflich, unsagbar ist. Die überquellende Fülle der Bilder ist Ausdruck der Tatsache, dass Gott letztlich in kein Bild eingeht, von keinem Wort begrenzt werden kann, von keinem Vergleich erfasst wird. »Gott« ist das vibrierende Leben selbst, die Unruhe in aller Ruhe und die Ruhe in aller Unruhe, das Dröhnen im Schweigen und das *Schweigen im Dröhnen*. »Gott« ist das Ganze dieser tausendfältigen, vielfacettigen, das Höchste wie das Niedrigste zugleich umfassenden Wirklichkeit.

Nur das eine war damit ein für allemal klar: Gott ist für Rilke nicht »jenseits aller Dinge«, ist nicht »draußen« oder »droben«, sondern *in* allen Dingen, *im* Herzen der Wirklichkeit, *in* der Seele der Welt: »Ich finde dich in allen diesen Dingen, denen ich gut und wie ein Bruder bin!« Anders gesagt: Die Fülle der Worte für Gott ist nicht Ausdruck einer Sprachpotenz, sondern einer letzten Sprachohnmacht. Der überquellende Reichtum der Metaphern ist Indikator einer letzten Un-Sagbarkeit Gottes. Womit auch klar ist, dass die Frage: »Aber wer kann dich vollenden, du Dom?« nur rhetorisch gemeint sein kann. Der Künstler als Gott-Gebärer ist bei Rilke nicht der Gott-Erzeuger. Der Künstler ist nicht der Erfinder, der Macher Gottes, genauso wenig wie derjenige, der Luft aus seinen Lungen bläst, in diesem Moment die Luft »macht« oder »erzeugt«. Der Künstler bringt nur etwas hervor, was immer schon auf dem Grund der Wirklichkeit ruht, macht hörbar und sichtbar, was längst dunkel, verborgen, wurzelhaft existiert – so wie der Atmende von der Luft bereits lebt, die er durch den Atemvorgang hörbar macht. Rilke ist kein »platter« Feuerbachianer. Sein Spitzensatz: »Mit mir verlierst du deinen *Sinn*« will wörtlich verstanden werden. Es heißt nicht: Mit mir verlierst du deine Existenz oder deine Lebensberechtigung. Denn so wie die Luft buchstäblich »sinnlos« wird, wenn keine Lungen da sind, die sie atmen, so verliert auch Gott seinen Sinn dadurch, dass der Künstler ihn nicht im Kunstwerk sichtbar macht und so alles »verewigt«.

So muss man das »Stundenbuch« lesen: als einzigen großen Versuch, nach dem Zusammenbruch der alten Metaphysik von Gott als Geheimnis der Welt dennoch zu reden. Lesen als Versuch, nach dem »Tode Gottes« das Reden von Gott zu retten durch Übernahme in die Kunst. Nachdem die neuzeitliche Religionskritik den Himmel entleert und der traditionelle Glaube den Himmel verzweckt hat, ist der Künstler das Paradigma des schöpferischen Menschen, der die Rede von Gott gleichsam birgt und Gott das zurückgibt, was er immer gewesen ist: die wirklichste Wirklichkeit im Herzen der Dinge; die vibrierende Kraft, die alles zusammenhält; die pulsierende Energie, die als Einheit allem zugrunde liegt.

Rilke ist jetzt zu paradoxen Sprachfiguren wie diesen fähig:

> *»Lösch mir die Augen aus: ich kann dich sehn,*
> *wirf mir die Ohren zu: ich kann dich hören,*
> *und ohne Füße kann ich zu dir gehn,*
> *und ohne Mund noch kann ich dich beschwören.*
> *Brich mir die Arme ab, ich fasse dich*
> *mit meinem Herzen wie mit einer Hand,*
> *halt mir das Herz zu, und mein Hirn wird schlagen,*
> *und wirfst du in mein Hirn den Brand,*
> *so werd ich dich auf meinem Blute tragen.«* (I, 207)

»Pilger« und »Pilgerschaft« sind jetzt Ausdruck des Dynamischen, Fließenden in der Beziehung zum Göttlichen. Das Gegenteil von Besitz- und Anspruchsdenken.

Wider das religiöse Besitzdenken

Im Buch »Von der Pilgerschaft« hatte Rilke denn auch konsequenterweise ein eigenes Verständnis vom Pilger-Sein entwickelt. Was er in den beiden Buddha-Gedichten von 1905 und 1906 an scharfer Religionskritik noch einmal verdichten wird, hatte er in diesem Buch bereits strukturell vorweggenommen. Durch Verse wie diese beispielsweise:

»Gerüchte gehn, die dich vermuten,
und Zweifel gehn, die dich verwischen.
Die Trägen und die Träumerischen
mißtrauen ihren eignen Gluten
und wollen, daß die Berge bluten,
denn eher glauben sie dich nicht.

Du aber senkst dein Angesicht.

Du könntest den Bergen die Adern aufschneiden
als Zeichen eines großen Gerichts;
aber dir liegt nichts
an den Heiden.

Du willst nicht streiten mit allen Listen
und nicht suchen die Liebe des Lichts;
denn dir liegt nichts
an den Christen.

Dir liegt an den Fragenden nichts.
Sanften Gesichts
siehst du den Tragenden zu.« (I, 212f.)

In diesem Text aus dem »Stundenbuch« werden vor allem die genannt, die Gott nicht erreichen: die vermuten oder die zweifeln, insbesondere die, die Zeichen wollen, Wunderzeichen möglichst, Zeichen eines großen Gerichts. Auch diejenigen verfehlen Gott, die durch Liebe und Gegenliebe Gott besitzen wollen. Der Text hält dagegen: Gott *senkt* sein Angesicht. Ihm liegt gerade nicht daran, durch Wunder- oder Gerichtszeichen auf sich aufmerksam zu machen. Nur »Heiden« verlangen das von ihm. Menschen also, die Götzenbilder brauchen und anbeten. Ebenfalls liegt – folgen wir diesem Text – Gott nichts daran, zu lieben und geliebt zu werden. Das erwarten »die Christen« von ihm.

Entscheidend sind diejenigen, die Rilke die »Tragenden« nennt. Sie haben verstanden, was es bedeutet, »Gott« zu sagen. Es sind – um mit dem Berliner Literaturwissenschaftler *Hans-Dieter Zimmermann* zu reden – die, »die nicht über sich hinausstreben nach anderem, sondern die in sich selbst ruhen und das ihnen gemäße ›tragen‹. Nur wer Gott nicht will, der hat etwas von ihm, wäre die paradoxe, durch Meister Eckhart bekannte Haltung, die Rilke hier beschreibt.«[62]

Religiöses Besitzdenken, das zu immer neuer Bedürfnisbefriedigung führt, hält Rilke gerade den etablierten Kirchen vor. Schon sein »Stundenbuch« enthält die schärfstmögliche Kritik an einem kirchlichen Betrieb, der Gott braucht und verbraucht. In Zukunft soll es das alles nicht mehr geben:

> » [...] *keine Kirchen, welche Gott umklammern*
> *wie einen Flüchtling und ihn dann bejammern*
> *wie ein gefangenes und wundes Tier.«* (I, 221)

Wie später in den »Buddha«-Gedichten kommt es somit schon im »Stundenbuch« zu einer radikalen Absage an religiöses Besitzdenken:

> *»Falle nicht, Gott, aus deinem Gleichgewicht.*
> *Auch der dich liebt und der dein Angesicht*
> *erkennt im Dunkeln, wenn er wie ein Licht*
> *in deinem Atem schwankt, - besitzt dich nicht.*
> *Und wenn dich einer in der Nacht erfaßt,*
> *so daß du kommen mußt in sein Gebet:*
> > *Du bist der Gast,*
> > *der wieder weiter geht.«* (I, 229)

Wieder das Schlüsselwort »Gleichgewicht«. So wie Menschen, wie wir hörten, aus »Gleichgewicht und Maß« fallen können, so Gott durch des Menschen Gebrauch. Auch Gottesliebe darf kein fromm verbrämter Gottesbesitz werden. »Gott«, das ist die Wirklichkeit, die ganz still, ganz elementar *da* ist, in sich ruhend, ganz im Gleichgewicht mit sich selbst. Von daher verstehen wir, warum Rilke im schon zitierten Brief an *Franz Xaver Kappus* vom 23. Dezember 1903 bestreiten kann, dass es Gott *gegeben* habe, und stattdessen von Gott als dem »Kommenden« spricht. Denn die schon zitierte Briefstelle fährt unmittelbar fort:

> *»Warum denken Sie nicht, dass er der Kommende ist, der von Ewigkeit her bevorsteht, der Zukünftige, die endliche Frucht eines Baumes, dessen Blätter wir sind? Was hält Sie ab, seine Geburt hinauszuwerfen in die werdenden Zeiten und Ihr Leben zu leben wie einen schmerzhaften und schönen Tag in der Geschichte einer großen Schwangerschaft? Sehen Sie denn nicht, wie alles, was geschieht, immer wieder Anfang ist, und könnte es nicht* Sein *Anfang sein, da doch Beginnen an sich immer so schön ist? Wenn er der Vollkommenste ist, muss nicht Geringeres vor ihm sein, damit er sich auswählen kann aus Fülle und Überfluss? - Muss er nicht der Letzte sein, um alles in sich zu umfassen, und welchen Sinn hätten wir, wenn der, nach dem wir verlangen, schon gewesen wäre?*
> *Wie die Bienen den Honig zusammentragen, so holen wir das Süßeste aus allem und bauen Ihn.«* (IV, 532)

Ich frage: Ist »Buddha« der »Gott«, an dem Rilke künstlerisch »gebaut« hat? Die Frage kommt nicht von ungefähr. Ist nicht im Buddha dieses »göttliche Gleichgewicht« in einzigartiger (nicht exklusiver) Weise Gestalt geworden – Vor-Bild für *jeden* Menschen? Denn Rilke zufolge ist es Ziel für Menschen, einen Gott zu »haben«, ohne ihn »zu gebrauchen«. So wird er an anderer Stelle schreiben (III, 469). Ich verfolge diesen zentralen Gedanken werkgeschichtlich noch ein wenig weiter.

Einen Gott haben, ohne ihn zu gebrauchen

Am 19. Juli 1906 war das zweite Buddha-Gedicht in Paris geschrieben worden. Es wird fast genau zwei weitere Jahre dauern, bis das dritte Buddha-Gedicht entstehen kann: »Buddha in der Glorie«. Es ist auf den Sommer 1908, vor dem 15. Juli datiert. Die zwei Jahre dazwischen werden eine äußerst unruhige Zeit für Rilke werden – seltsamer Kontrast zu der Ruhe, inneren Geschlossenheit und uralten Gleichgültigkeit, die er in Buddha verkörpert sieht.

Nach dem künstlerisch fruchtbaren Pariser Sommer 1906 folgen Reisen durch Belgien und Deutschland. Dann Capri. *Alice Faehndrich*, die Rilke auf *Schloss Friedelhausen* als Schwester der Gräfin Luise Schwerin kennengelernt hatte, besitzt auf dieser Mittelmeerinsel im Golf von Neapel ein Haus, die Villa Discopoli. Sie lädt Rilke ein, den Winter dort zu verbringen, und diese Einladung ist unwiderstehlich. Es werden von Anfang Dezember 1906 bis Anfang Mai 1907 fast sechs Monate, künstlerisch nicht unergiebig, wie Capreser Texte zeigen, von denen ein Teil in den ersten Band der »Neuen Gedichte« aufgenommen wird: »Liebes-Lied« zum Beispiel oder »Todes-Erfahrung« (Gräfin Schwerin zugeeignet) oder »Die Rosenschale«, das Schlussgedicht des ersten Bandes der »Neuen Gedichten«.
Dann wieder Paris, Mai bis Oktober 1907, die meiste Zeit in der Rue Cassette Nr. 29. Der erste Band der »Neuen Gedichte« will zusammengestellt sein. Er soll Ende des Jahres erscheinen, wie Rilke seinem neuen Verleger, *Anton Kippenberg*,

verspricht, seit 1906 alleiniger Inhaber des Leipziger Insel-Verlages. Die meisten Gedichte liegen jetzt vor, einige kommen noch hinzu, zum Beispiel solche, die in den Tagen vom 18. bis 21. Juli 1907 entstehen, angestoßen vom Besuch flandrischer Städte wie Furnes, Brügge und Gent. Gleichzeitig entsteht ein Gedicht, das uns besonders interessieren muss. Es weist zurück auf das Gottes-Thema des »Stundenbuches« und variiert einen Grundgedanken der beiden »Buddha«-Gedichte, jetzt freilich in christlich-europäischem Kontext. Es trägt den Titel *Gott im Mittelalter*.[63]

> *»Und sie hatten Ihn in sich erspart*
> *und sie wollten, daß er sei und richte,*
> *und sie hängten schließlich wie Gewichte*
> *(zu verhindern seine Himmelfahrt)*
>
> *an ihn ihrer großen Kathedralen*
> *Last und Masse. Und er sollte nur*
> *über seine grenzenlosen Zahlen*
> *zeigend kreisen und wie eine Uhr*
>
> *Zeichen geben ihrem Tun und Tagwerk.*
> *Aber plötzlich kam er ganz in Gang,*
> *und die Leute der entsetzten Stadt*
>
> *ließen ihn, vor seiner Stimme bang,*
> *weitergehn mit ausgehängtem Schlagwerk*
> *und entflohn vor seinem Zifferblatt.«* (I, 467)

Neun Zeilen lang beschreibt der Text den traditionellen Umgang mit Gott, das traditionelle Gottesbild und Gottesverständnis, den traditionellen Gottesgebrauch und -verbrauch. Neun Zeilen lang schildert Rilke das Interesse der Menschen an Gott: an seiner Existenz und an seiner Funktion als Richter. Schon die erste Strophe arbeitet dabei mit dem Bild der Uhr. Die großen Kathedralen sind wie Gewichte eines Uhrwerks, die durch ihre Last und Masse das Funktionieren der Uhrmechanik in Gang halten. Gott soll funktionieren »wie eine Uhr« und dem »Tun und Tagwerk« der Menschen »Zeichen« geben.

Anders gesagt: Gott hatte einstmals (abgekürzt mit der Chiffre »Mittelalter«) eine klar bestimmte Ordnungs- und Orientierungsfunktion im Leben von Menschen. Er wurde gebraucht. Und die Kirchen, Orte religiösen Funktionalisierens, halten den Gebrauch in Gang, weil sie wie Gewichte eines Uhrwerks an »Gott« hängen. Damit aber halten sie Gott auf Erden fest und verhindern seine »Himmelfahrt«! Schon im »Stundenbuch« war davon die Rede, dass Kirchen »Gott umklammern und ihn dann bejammern / wie ein gefangenes und wundes Tier«. Beide Male derselbe Grundgedanke: Der traditionelle religiöse Betrieb verhindert, dass Gott Gott sein kann. Neun Zeilen lang wird dieser Gedanke variiert, bevor es plötzlich zu einem Umschlag kommt, eingeleitet durch das »aber plötzlich«.

In der Tat ist in dem Gedicht »plötzlich« alles anders. Denn ohne Vorwarnung hat sich Gott von der engen Funktion befreit, auf die man ihn reduziert hatte. Er ist »ganz in Gang« gekommen. Plötzlich verfügt er über eine »Stimme«, welche die Menschen erschreckt. Plötzlich ist er in einer Mächtigkeit präsent, dass Menschen vor ihm fliehen. Ein kongeniales Bild für das, was man das *fascinosum et tremendum* des Göttlichen genannt hat: ausgehängtes Schlagwerk. Denn ein Gott, der nicht mehr mit Last und Masse der Menschen beschwert ist, löst Entsetzen aus, Bangigkeit, Fluchtverhalten. Aber Gott ist jetzt frei, frei, ganz er selber zu sein. Wiedererlangt hat Gott seine Göttlichkeit. Er muss nicht mehr Erwartungen von Menschen entsprechen, Domestizierungen befürchten. Er muss sich nicht länger gebraucht und verbraucht fühlen.

Suchbewegung sind all diese Texte, Versuche einer adäquaten Gottesrede jenseits aller Funktionalisierung und Verobjektivierung Gottes. Im dritten und letzten »Buddha«-Gedicht von 1908 wird Rilke noch einmal einen solchen Versuch wagen. Bis es so weit ist, erlebt er zwischen dem Sommer 1907 und dem Sommer 1908 noch einmal eine literarisch ungemein produktive Zeit. Allein im August 1907 schreibt er bis zu 30 Gedichte. Entwürfe und später Verworfenes nicht mitgerechnet. Seine Einsamkeit »schließe« sich endlich, schreibt er am 3. August 1907 an *Manon zu Solms*. Er habe »zwei kurze Unterbrechungen abgerechnet, seit Wochen kein Wort gesprochen« und sei »in der Arbeit wie der Kern in der Frucht«.[64] So entstehen in der Zeit zwischen dem 22. August und dem 5. September 1907 noch einmal 13 Gedichte. Rilke kann jetzt schon an einen zweiten Band »Neuer Gedichte« denken, einen »anderen Teil«, nachdem der erste Band wie vorgesehen Ende Dezember 1907 im Insel-Verlag erscheint.

13. Nachdenken über das dritte Gedicht: »Buddha in der Glorie« (1908)

Im Oktober 1907 wird es zu einer besonderen Begegnung kommen. Wieder spielt die bildende Kunst eine zentrale Rolle, diesmal nicht die Bildhauerei, sondern die Malerei. Ein Jahr zuvor war *Paul Cezanne* gestorben. Jetzt, im Oktober 1907, ist in Paris eine Gedächtnis-Ausstellung für diesen Maler zu sehen. Nach einem ersten Besuch ist Rilke ist von diesen Bildern derart in Bann gezogen, dass er sie fast täglich aufsucht. Mehr noch: Über den Eindruck, den diese Art der Malerei auf ihn macht, beginnt Rilke zu schreiben. Ausführliche Briefe an Clara sind das Ergebnis. Sie sind von einer solchen Leidenschaftlichkeit der Anschauung und einer solchen Präzision der Versprachlichung, dass sie einen Meilenstein in Rilkes eigener künstlerischer Selbstvergewisserung bilden. Gern hätte er eine separate Veröffentlichung dieser »Briefe über Cezanne« noch zu Lebzeiten gesehen. Aber erst 1952, zwei Jahre vor Claras Westhoffs Tod, werden diese einzigartigen Dokumente in einer eigenen Buchausgabe im Insel-Verlag erscheinen.[65]

Rückkehr zu Rodin: Hôtel Biron

Oktober 1907: Wieder braucht Rilke für den bevorstehenden Winter dringend ein Quartier. Da kommen ihm neue Einladungen zu Vortragsreisen gelegen: Prag, Breslau, dann Wien und anschließend Venedig. In Wien hatte man eine Ausstellung mit Werken Rodins organisiert, 120 Zeichnungen, 30 Radierungen. Rilke ist einmal mehr zu einem Vortrag über Rodin bereit und hält ihn am 13. November. Wichtiger noch: Bei der Vorbereitung dieser Ausstellung hatte sich das Verhältnis zwischen Rodin und Rilke zu entkrampfen begonnen. Rodin sendet Signale früherer Freundschaft, gewiss nicht ohne Eigeninteressen. Zu wichtig ist ihm offensichtlich dieser frühere »Sekretär«, als dass er auf ihn hätte verzichten wollen, vor allem für die Vermittlung seines Werkes im deutschsprachigen Raum. »Besuchen Sie mich, wenn Sie in Paris sind. Dinge, Dinge. Wir brauchen die Wahrheit, die Poesie, alle beide, und die Freundschaft«, schreibt Rodin ihm am 8. November. Und Rilkes Stimmung schlägt sofort um.

Über den Jahreswechsel (Anfang Dezember 1907 bis Mitte Februar 1908) ist Rilke erneut in Oberneuland bei Bremen, was einmal mehr Wiedersehen mit der eigenen Familie bedeutet. Rastlos aber geht es dann weiter. Nach Zwischenstationen in Berlin und München noch einmal Capri: Ende Februar bis Mitte April 1908. Anschließend wieder Paris, vier Monate bis Ende August 1908. Die neue Adresse: Rue Campagne Première Nr. 17, eine fertige Wohnung, ein Atelier, ein kleines Schlafzimmer. Die Malerin *Mathilde Vollmoeller* (1876-1943) hatte es vorher bewohnt.[66] Doch schon auf Capri hatte Rilke eine erneute Einladung nach Meudon erhalten. Er könne sein »Zimmer wieder in Besitz und den Umgang unserer Freundschaft wieder aufnehmen«, schreibt Rodin am 23. März 1908, und Rilke ist entschlossen, einmal mehr zuzugreifen:

> *»Aber vorher werde ich – für einige Tage zumindest – nach Meudon kommen, um mein liebes kleines Häuschen gründlich wieder in Besitz zu nehmen; und wenn dies wirklich weder Sie noch Madame Rodin stört, will ich danach öfters wiederkommen; denn ich rechne damit, lange in Paris zu bleiben.*
> *Im übrigen werden wir darüber reden und über alles und viel besser, als ich Ihnen davon schreiben kann.«* (R-R, 225)

Doch das Arrangement eines Treffens erweist sich als kompliziert. Wieder in Paris, entschuldigt sich Rilke mehrfach mit dringenden Arbeiten. Hinzu kommt: Clara trifft in Paris ein, um unter anderem in Rodins Staatsatelier in der Rue de l'Université zu arbeiten. Ende Mai entdeckt sie das *Hôtel Biron*, ein leerstehendes altes schlossartiges Gebäude Ecke Rue de Varenne und Boulevard des Invalides. Sie mietet den großen zentralen Saal im ersten Stock als Atelier und behält ihn bis Juni 1909. Dann doch noch das Wiedersehen mit Rodin. Am 29. Juli 1908 trifft man sich noch einmal in Meudon. Dokumente über Einzelheiten der Begegnung gibt es nicht. Ende August zieht Rilke ebenfalls in das Hôtel Biron. Zunächst bewohnt er den von Clara gemieteten Raum, dann einen eigenen Saal, wo er bis Mitte Oktober 1911 bleiben wird. Und dann die Überraschung: Rilke zieht nicht zu Rodin, sondern Rodin zu Rilke. Bis zu seinem Tod wird der Bildhauer im Hôtel Biron bleiben, heute das zentrale Rodin-Museum der Stadt Paris. An die Anwesenheit Rilkes erinnert hier eine kleine Hinweistafel.

Noch einmal zwei Christus-Gedichte

Am 29. Juli 1908 war Rilke ein weiteres Mal in Meudon gewesen. Erklärt sich das dritte Buddha-Gedicht aus der erneuten Begegnung mit dem Buddha dort? Das Entstehungsdatum des Textes sagt etwas anderes. *»Buddha in der Glorie«* ist bereits *vor dem 15. Juli 1908* geschrieben worden. Aber die Einladung Rodins nach Meudon und die Aussicht, ihn bald wieder dort zu treffen, mögen das dritte Buddha-Gedicht mit angestoßen haben. Auffällig ist dabei, dass Rilke auch in den zweiten Band der »Neuen Gedichte« zwei Christus-Texte aufnimmt, die wiederum seine Kontrasterfahrung zum Buddha spiegeln: »Der Auferstandene« (I, 534f.), geschrieben schon im Herbst 1907 in Paris oder im Frühling 1908 auf Capri sowie »Kreuzigung« (I, 533f.), entstanden im Sommer 1908 vor dem 2. August, fast gleichzeitig also mit dem dritten »Buddha«-Gedicht.

Das Wesentliche zu Rilkes Christus-Bild und zum Vergleich Christus – Buddha ist schon gesagt. Nur auf so viel sei noch hingewiesen: Wieder handelt es sich um ein Christus- *und* ein Maria-Magdalena-Gedicht. Bei Christus ist jetzt alles noch stärker als zuvor auf den Vorgang der Kreuzigung konzentriert, der schon in seiner ästhetischen Widerwärtigkeit »geschildert« wird. An der Figur der Maria aus Magdala dagegen wird jetzt Rilkes spezifisches Liebesverständnis demonstriert: das Verständnis einer objektlosen, besitzfreien Liebe, Schlüsselmotiv dann des »Malte«-Romans. Das Gedicht »Der Auferstandene« hat den Wortlaut:

> *»Er vermochte niemals bis zuletzt*
> *ihr zu weigern oder abzuneinen,*
> *daß sie ihrer Liebe sich berühme;*
> *und sie sank ans Kreuz in dem Kostüme*
> *eines Schmerzes, welches ganz besetzt*
> *war mit ihrer Liebe größten Steinen.*
>
> *Aber da sie dann, um ihn zu salben,*
> *an das Grab kam, Tränen im Gesicht,*
> *war er auferstanden ihrethalben,*
> *daß er seliger ihr sage: Nicht —*
>
> *Sie begriff es erst in ihrer Höhle,*
> *wie er ihr, gestärkt durch seinen Tod,*
> *endlich das Erleichternde der Öle*
> *und des Rührens Vorgefühl verbot,*
> *um aus ihr die Liebende zu formen*
> *die sich nicht mehr zum Geliebten neigt,*
> *weil sie, hingerissen von enormen*
> *Stürmen, seine Stimme übersteigt.«* (I, 534f.)

Das dritte Gedicht: Summe und Synthese

Auffällig auch hier der scharfe Kontrast: Während das »Kreuzigung«-Gedicht uns Leser mit dem schrecklichen Bild einer schreienden Maria und eines vor Schmerzen brüllenden Jesus entlässt, empfängt das dritte »Buddha«-Gedicht uns mit einem freundlichen Gruß an den Buddha: »Sei gegrüßt«! Imaginiert wird hier noch einmal eine andere Figur im Vergleich zu den beiden anderen Gedichten. Es ist ein Buddha mit einem Strahlenkranz (»Glorie«) im Rücken. Ein Buddha in einer Mandorla also, wie buddhistische Ikonographie ihn kennt und dargestellt hat, ohne dass wir benennen könnten, welche Buddha-Darstellung Rilke konkret vor Augen hatte. Auch hier noch einmal der Wortlaut:

> »Mitte aller Mitten, Kern der Kerne,
> Mandel, die sich einschließt und versüßt, –
> dieses Alles bis an alle Sterne
> ist dein Fruchtfleisch: Sei gegrüßt.
>
> Sieh, du fühlst, wie nichts mehr an dir hängt;
> im Unendlichen ist deine Schale,
> und dort steht der starke Saft und drängt.
> Und von außen hilft ihm ein Gestrahle,
>
> denn ganz oben werden deine Sonnen
> voll und glühend umgedreht.
> Doch in dir ist schon begonnen,
> was die Sonnen übersteht.« (I, 586)

Zentrale Metaphern aus Rilkes Briefen tauchen nun auch in diesem Gedicht auf, dem letzten Buddha-Text: Mitte, Kern, Saft, Fruchtfleisch. Überhaupt scheinen bisherige Hauptmotive hier gebündelt zu sein: die kosmische Dimension (»Sterne«, »Sonnen«), die Vollkommenheit in der Einsamkeit, die Zurückweisung religiöser Fremdbedürfnisse, die dauernde Präsenz: Ewigkeit als Gegenwärtigkeit. Das alles macht das dritte Buddha-Gedicht zu so etwas wie einer »Summe«, einer »Synthese« aus den beiden vorangegangenen Texten.

Distanz ist hier nun überhaupt nicht mehr zu spüren. Weder in Form der unpersönlichen Rede vom Buddha als »er« noch in Form der Einführung einer Zwischenfigur wie dem »Pilger«. Stattdessen wagt es der Sprecher, Buddha ganz direkt und persönlich anzureden, ihn sogar zu grüßen. Das aber ist keine Anbiederung oder gar fromme Verzweckung, sondern Ausdruck bleibenden Respekts. Eine Wendung aus dem Gedicht »Gott im Mittelalter« taucht auch hier bezeichnenderweise wieder auf: die Rede von den Gewichten, die Menschen an Gott hängen, um so seine Himmelfahrt zu verhindern. Buddha ist in diesem Gedicht der ganz freie, ganz befreite »Gott«. »Nichts« hängt mehr an ihm. Noch genauer gesagt: In Buddha ist das Göttliche ganz frei, ganz befreit. Er ist *da*, ganz in sich ruhend, ganz in sich geschlossen und so ganz mächtig, ganz wissend, ganz alt! Der Buddha ist ja auch im Zustand der Vollendung, buchstäblich »in der Glorie«.

Woraus folgt: Die persönliche Beziehung zwischen dem Sprecher als Ich und dem Buddha ist hier nicht mehr eine Beziehung in Abhängigkeit, sondern eine Beziehung des Erkannthabens aus der Mitte heraus. Nur weil das Ich selber ganz frei von Verzweckungen gegenüber dem Buddha ist, kann es ihn grüßen als »Mitte aller Mitten«, als »Kern der Kerne«, als »Mandel«, hat doch die Gloriole um den Buddha Mandelform. Die kosmischen Bilder »Sterne«, »Sonnen« tun ein Übriges, um die Beziehung zwischen dem Ich und Buddha nicht auf Abhängigkeit schrumpfen zu lassen:

> *»denn ganz oben werden deine Sonnen*
> *voll und glühend umgedreht.*
> *Doch in dir ist schon begonnen,*
> *was die Sonnen übersteht.«*

Solche kosmischen Bilder machen noch einmal deutlich, um welchen Raum, welche Hoheit, welche Ferne es geht, wenn es der Mensch mit dem »Göttlichen« zu tun bekommt. Man hat in der Kritik zu Recht von einer »gewaltigen Dynamik« gesprochen, die dieses Gedicht treibe, in der ersten Strophe »noch langsam (sich einschließt und versüßt), in der zweiten schon stärker (fühlst, drängt, Gestrahle) und dann in der letzten Strophe, wie in einem kosmischen Wirbel tobend (Sonnen werden voll und glühend umgedreht)«.[67] Nicht zufällig schließt dieses Gedicht denn auch mit dem Wort »überstehen«, ein Hauptwort bei Rilke, und nicht zufällig kann dieses und kein anderes Gedicht mit diesem Schlüsselwort den gesamten Zyklus der »Neuen Gedichte« abschliessen. Denn diesem Schlussgedicht liegt ja die Vorstellung zugrunde, »dass die Umkehr der Sonnen eine Gefahr bedeutet, welche die Schaffung von Gegengewichten erfordert.« (I, 1005) Das dürfte mit »überstehen« gemeint sein: Im Buddha ist eine geistige Energie verdichtet, die selbst die Sonnenenergie zu »überstehen« vermag. Insofern kann man in der Tat davon sprechen, dieses Gedicht markiere »Zusammenhang und Abstand zwischen beiden Teilen der ›Neuen Gedichte‹« und zugleich öffne es die »Neuen Gedichte« in Richtung »auf das Spätwerk: durch den Entwurf eines Menschen- und Weltbildes von äußerster Weiträumigkeit und eines Geschehens von kosmischem Ausmaß, nicht zuletzt durch den rühmenden Ton« (I, 1005).

Was das »Stundenbuch« von den »Neuen Gedichten« unterscheidet

Wir fragen und müssen zum Abschluss fragen: Was ist aus der Rede von Gott bei Rilke geworden? Wir haben bereits das »Stundenbuch« als wichtige Etappe von

Rilkes Entwicklung herangezogen. Doch zwischen dem »Stundenbuch« von 1905 und dem ersten Band der »Neuen Gedichte« von 1907 ist Entscheidendes passiert – nicht nur formalästhetisch, wie wir hörten, sondern auch inhaltlich-thematisch, vor allem was die Rede von Gott betrifft. Auffällig ist nämlich: Die Texte des »Stundenbuchs« haben noch weitgehend Gebetscharakter. Oft ist »Gott« oder »der Herr« das angeredete »Gegenüber«. Mehr noch: Zusammengehalten wird das »Stundenbuches«, wie wir sahen, von einer fast mystisch vollzogenen Einheit von Gott und Welt, einem Zusammenfall von Transzendenz und Immanenz. Gottesgewissheit dominiert. Eintauchen in die Fülle Gottes, die identisch ist mit der Fülle der Welt. Von Ewigkeit zu Ewigkeit seiend ist der Gott des »Stundenbuches« der erst noch kommende, der werdende. Aus Angst, Gott könne vergangen und verbraucht sein, wächst dem Sprecher die Gewissheit zu, dass Gott sein wird, dass alles Leben nur Beitrag ist zu seinem Reifen, das ihn heraushebt aus seinen dämmernden Konturen.

Das ist in den »Neuen Gedichten« völlig anders. Hier gibt es keine Anrede mehr »an Gott«. Gott ist nicht die »Substanz«, die alles zusammenhält. Wo die Rede von Gott vorkommt, geht es um ein bestimmtes, abgegrenztes Gottes-Bild: um den Gott des Mose beispielsweise oder den des Saul oder den Gott des Mittelalters. Nie geht es um Gott schlechthin. Vielmehr stehen die genannten Gottesbilder gleichberechtigt zwischen all den anderen Bildern, die von »Dingen« evoziert werden, ohne anderen Anspruch als den: zu sein und in ihrer Wirklichkeit zu gelten. Das hat damit zu tun, dass Rilke wie nie zuvor »Wirklichkeit« in seine Gedichte einbrechen lässt. Nicht Anrufung Gottes ist Thema der »Neuen Gedichte«, sondern Konzentration auf die einzelnen Dinge. Diese sind gelöst aus aller Beziehung. Sie bestehen jeder für sich. Zurückgeführt werden sie zwar auf ihr Wesenhaftes, aber sie stehen allein, unverbunden im ungeschlossenen Raum des Unendlichen.

Dieter Bassermann hat dies in einem Aufsatz »Rilke und Gott« schon 1934 deutlich erkannt und die Differenz von »Stundenbuch« und »Neuen Gedichten« nicht ohne zeittypisches Pathos so umschrieben: »Gott, der früher alles einhüllte in den wärmenden Mantel seiner umfassenden Liebe, ist zurückgetreten. Die Dinge sind sich selbst überlassen. Nimmt man die in den ›Neuen Gedichten‹ vereinigten Texte nicht als Sammlung köstlicher Gebilde, die man einzeln, um ihrer Schönheit willen, geniesst, sondern als Ganzes, als Bekenntnis einer Weltanschauung, als Gestaltung eines Schicksals, so sind auch sie von Tragik überweht. Sie gleichen einem Labyrinth von unsagbarer Schönheit – ohne Ausgang und Richtung, ohne Mittelpunkt. Sie sind überwölbt vom glasklaren Himmel erbarmungsloser Einsicht in jede Unvermischbarkeit«.[68]

So pauschal freilich gilt dies nicht für die »Neuen Gedichte«. Ausnahmen bilden eben die »Buddha«-Texte. Gerade weil in den beiden Bänden die Rede von Gott, die im »Stundenbuch« noch alles zusammenhielt, abwesend ist, sind die Buddha-Gedichte von besonderer Bedeutung. Sie wirken wie »Kristallisationskerne« dessen, was man mit Rilke Transzendenz in der Immanenz nennen kann. An ihnen wird anschaulich, worauf es entscheidend für den Menschen ankommt, wenn er sich dem »Göttlichen« öffnet. Das Göttliche ist nicht mehr die selbstverständlich vorausgesetzte »Substanz«, aus der heraus die Welt lebt, sodass buchstäblich alles zur Chiffre Gottes werden kann, sondern ist nur zu finden in der Tiefe der Dinge. Deshalb signalisieren die »Buddha«-Gedichte »Mitte aller Mitten, Kern der Kerne«. Denn jedes Gedicht in den »Neuen Gedichten« ist eine Mitte, ist ein Kern. Die Buddha-Gedichte aber zeigen die *Mitte* aller Mitten, bilden den *Kern* aller Kerne, führen in ein verborgenes Zentrum der Welt, wohin die anderen Gedichte nur Fingerzeige sind.

14. Rilkes Buddha - Konsequenzen für heute

Es ist Zeit, die Fäden zu bündeln und mit einem Blick zurück uns Rechenschaft darüber zu geben, welches spezifische Profil Rilkes Dialog mit Buddha im Ensemble anderer Buddha-Bilder seiner Zeit hat. Wie »einzigartig« ist dieser Dialog? Jetzt können wir eine klare Antwort geben.

Jenseits von Schopenhauer und Nietzsche

Rilkes Zugang zur Gestalt des Buddha unterscheidet sich deutlich von anderen »Dichtern und Denkern« deutschsprachiger Zunge. Was *Schopenhauer* und alle, die ihm nachfolgten, an Buddha wichtig war, spielt für Rilke keine Rolle. Bei aller radikalen Zeitkritik ist ihm jeder Lebenspessimismus fremd; bei aller subjektfreien Sachlichkeit jede Willensabtötung; bei aller Sehnsucht nach mönchischer Einsamkeit jeder monastischer Asketismus. Mit der Vorstellung, das Nichtsein sei dem Sein vorzuziehen, mit der Vorstellung also eines nihilistisch zu interpretierenden »Nirvana«, hat Rilke nichts zu tun. Er sieht im Buddha gerade nicht das, was der Kunsthistoriker *Georg Treu* bei seinem Besuch in Meudon wahrnahm: »Weltflucht und Entsagung«. Bei aller kritischen Distanz zum real existierenden Kirchentum seiner Zeit funktionalisiert Rilke seine Auseinandersetzung mit Buddha nicht zum Zweck eines »Fluchs auf das Christentum«, wie *Nietzsche* dies tat. Buddhismus und Christentum werden kulturgeschichtlich nicht gegeneinander ausgespielt. Rilke ist als Dichter überhaupt frei von allen Fremdtheorien zu Religion, Kultur und Geschichte, mit denen »Denker« sich gern profilieren.

Kein Ausspielen von Orient und Okzident

Rilkes Buddha-Verständnis ist denn auch nicht mit einer *dualistischen Europakritik* befrachtet. Bei aller Zeitkritik: Kulturpolitische Reflexionen über den geistigen Zustand des Westens, über das Verhältnis von Orient und Okzident, Asien und Europa, wie wir sie von Hofmannsthal und Hesse kennen, sind Rilkes Sache nicht. So sehr ihm das Buddha-Erlebnis in Meudon zur Kontrasterfahrung wird, so sehr er in Buddha – im Widerspruch zur Zeit – ein »Gleichgewicht« und »Maß« findet, das Menschen in Europa unter Großstadt-Bedingungen abhanden gekommen ist, so sehr meidet Rilke bewusste Schemata, die ein angeblich geistig erschöpftes Europa gegen eine angeblich ungebrochene asiatische Geistigkeit auszuspielen und der Welt mit simplifizierenden Dualismen (Zweck – Freiheit; Tätigkeit – Ruhe; Zeitlichkeit – Dauer; Vereinzelung – Ganzheit) beizukommen versucht.

Bei Rilke findet man das alles nicht. Früher als andere Schriftsteller hat er den Dialog mit Buddha gesucht. Was andere erst *nach*, hat er lange *vor* dem Ersten Weltkrieg erspürt, ohne je in der Pose des Weltverneiners oder des geistigen Erziehers Europas aufzutreten. Rilke wäre wohl von *Hermann Hesse* am besten verstanden worden, der 1922 (im Jahr seiner eigenen »indischen Dichtung« mit dem Titel »Siddhartha«) über Buddha schreiben kann: »Sobald wir aufhören, die Lehre Buddhas rein intellektuell zu betrachten und uns mit einer gewissen Sympathie für den uralten Einheitsgedanken des Ostens zu begnügen, sobald wir Buddha als Erscheinung, als Bild, als den Erwachten, den Vollendeten zu uns sprechen lassen, finden wir, fast unabhängig vom philosophischen Gehalt und dogmatischen Kern seiner Lehre eines der großen Menschheitsvorbilder in ihm. Wer aufmerksam auch nur eine kleine Zahl der zahllosen ›Reden‹ Buddhas liest, dem tönt daraus bald eine Harmonie entgegen, eine Seelenstille, ein Lächeln und Drüberstehen, eine völlig unerschütterliche Festigkeit, aber auch unerschütterliche Güte, unendliche Duldung.«[69]

Primat der Anschauung

Der Zugang zum Buddha geschieht bei Rilke nicht über eine Kulturtheorie oder ein religionsvergleichendes intellektuelles Quellenstudium, sondern über die *Anschauung*, bei der Form und Inhalt kongenial zusammenklingen. Rilke nähert sich Buddha als Künstler, ausgestattet wie nur wenige mit einer einzigartigen Fähigkeit, dem sinnlich Angeschauten sprachliche Form zu geben. In Buddha erkennt er dabei das Wunsch- und Idealbild eines Menschen in vollkommenem, d.h. »göttlichem« Gleichgewicht. Still und schweigend ruht er in sich selber, die Augen fast geschlossen, den Geist nach innen gerichtet. So wirkt er als »Mitte aller Mitten«, als »Kern der Kerne«. Und nur so – in vollkommener Einheit von Innen und Außen – kann der Buddha ein »Zentrum der Welt« sein. Rilke hat an der Buddha-Plastik das erkannt, was der Schriftsteller *Stefan Zweig* »schön in seiner Ferne und fern in seiner Schönheit« nannte und was der Philosoph *Ernst Bloch* so umschrieb: »In sich wohnend aber ist Buddha als Entrückter, in der Form der schwierigsten Ekstase, der apathischen: der Sitzende ist in ein Dreieck gefasst, die Arme bilden um den Leib nochmals zwei Dreiecke. In der Höhe des Solarplexus ruhen beide Hände flach ineinandergelegt im ›Siegel der Lehre‹; diese Gebärde bedeutet, dass im Erleuchteten das Rad der Lehre sich um sich selber dreht. Das ist die Buddha-Figur oder das indische Erfüllungssiegel des letzten Wunschs: keinen Wunsch mehr zu haben.«[70]

Anverwandlung ohne Lehre

Dieses Moment der vollkommenen Freiheit in Einsamkeit und der Einsamkeit in Freiheit, dieses Moment des Ganz-in-sich-selber-Ruhens, des ganz In-sich-selber-Lebens hat Rilke in der Buddha-Gestalt allein durch Anschauen erkannt und kongenial in Sprache umgesetzt. »Buddhismus« als wortmächtige, systematisch durchdachte Lehre brauchte er dafür nicht. Die Lektüre der Buddha-Reden (in

Karl Eugen Neumanns Übersetzung), von der wir eingangs des Buches berichtet haben, wehrt er nicht zufällig ab – nach einer ersten Stichprobe, die ihn »schaudern« gemacht hatte. Dem Befremden seiner Frau Clara zum Trotz zögert er, weil er seinen eigenen unverwechselbaren Weg zum »Buddha« längst gefunden hatte. Die drei Gedichte lagen vor. Wozu noch Lektüre? Seine Gedichte spiegeln ohnehin nicht »den«, sondern »seinen« Buddha wider. Nicht religionswissenschaftliche Korrektheit strebt er an, sondern persönliche Anverwandlung. Darauf besteht Rilke auch seiner eigenen Frau gegenüber. Der Buddha muss »warten«: »Urteils nicht ab. Bitte, lass mich gelten und hab Vertrauen. Verlang nichts anderes von mir, auch nicht im Geiste«. Das freilich ist »buddhistischer« als alles, was sich als »buddhistisch« an Forderungen aufspreizt. Der Literaturwissenschaftler *Ulrich Baer*, der in seinem »Rilke-Alphabet« (2006) auch ein lesenswertes Kapitelchen über »Buddha« aufgenommen hat, weist darauf zu Recht hin: »Doch ist wohl weniges buddhistischer als ebendies; denn den Weg lernt man nicht von denen, die ihn uns zeigen, sondern letztlich nur durchs Selbergehen – in Rilkes Fall durch Selberschreiben. ›Urteils nicht ab‹, sondern ›lass mich gelten‹, schreibt Rilke. Damit dann sein Weg ›nicht allein wiedergefunden sein sollte, sondern auch sich ründen wollte zu einem weiten Kreis‹. ›Lass mich gelten‹: Ich bedarf nichts als mich selbst.«[71]

Das Zentrum der Welt

Die ganz eigene Anverwandlung führt bei Rilke nicht zum Verstummen wie beim Buddha selber oder vor dem Buddha wie bei jedem meditierenden Buddhisten, sondern zur Sprache. Als Sprach-Künstler fasst Rilke das in Worte, was er in und durch Buddha geistig verdichtet sieht. Dass Rilke das kann, ist sein bleibendes Geheimnis, für das er unseren Respekt verdient. Wenn er in seinem Brief vom 20. September 1905 von Buddhas »fanatischer Schweigsamkeit« spricht und die »unsägliche Geschlossenheit seiner Gebärde« betont, wenn er Buddhas »stille

Zurückhaltung« lobt, sein »göttliches Gleichgewicht«, und ihn so als »centre du monde« beschreibt, hat er den Kernpunkt dessen getroffen, was seinem Ideal der Beziehung des Menschen zum Göttlichen entspricht, dem der Wort-Künstler aber Sprache verleiht und verleihen muss.

Vom Haben zum Sein

Die Anschauung des Buddha ist zugleich eine Variation radikaler Rilke'scher Religionskritik am religiösen Normal-Betrieb. Die Schweigsamkeit des Buddha, die er wahrnimmt, hatte für Rilke deshalb etwas »Fanatisches«, weil auch der Buddha sich stets konfrontiert sieht mit religiösen Bedürfnissen nach Offenbarung, nach Trostworten, nach Vergebungszusagen. Dagegen insistiert der Buddha auf Schweigsamkeit. Warum? Nicht, weil er nichts zu sagen hätte, sondern weil er Menschen auf ihren eigenen Weg schickt. Dass er »Alles« ist, heißt nur, dass Menschen nicht darauf warten sollen, dass es ein »Mehr« gibt. Hier scheint mir die unverbrauchte Kraft des Rilke'schen Denkens auch für heute zu liegen. Der Berliner Literaturwissenschaftler *Hans Dieter Zimmermann* hat darauf zu Recht hingewiesen: »Dichter sind keine Religionsstifter, sie haben ihr Leben, das sie gestalten müssen, wie wir unseres, und ihre Aufgabe, die sie bewältigen müssen, wie wir unsere. Sie können nur anregen zu weiterer Arbeit an uns selbst: zu Aufmerksamkeit für das, was in uns und um uns sich bewegt, zu selbstloser Aufmerksamkeit und zu ›erfülltem Sein‹. *Nicht* Besitzen, nicht Haben Wollen – das ist der Motor unserer zerstörerischen Industriegesellschaft – sondern Sein: hier und jetzt.«[72]

Nicht Buddhist, sondern Buddha werden

Rilke hat damit einen Wesenszug der Botschaft von Buddha sprachlich und bildlich erfasst. Denn nach buddhistischer Auffassung ist der Buddha in der Tat nicht als Tröstergott aufgetreten, nicht als Nothelfer-Figur. Er hat nicht religiöse »Bedürfnisse« erfüllt, was immer spätere buddhistische Frömmigkeit auf ihn abgeladen haben mag. Ursprünglich hat der geschichtliche Buddha nur das eine und letzte Ziel: den Menschen einen Weg zur endgültigen Befreiung aus dem leidvollen Dasein zu zeigen: einen Weg vom Samsara ins Nirvana. Er ist niemandes Gesandter oder Beauftragter, hat von niemandem eine Offenbarung erhalten. An seine Einzigartigkeit zu glauben, hat Buddha nicht verlangt. Und der bloße »Glaube« an ihn oder seine Lehre führt denn auch nicht zur Erlösung. Gebete um Hilfe oder die Hoffnung auf Gnade und Vergebung haben in seiner Lehre keinen Platz. Buddha wollte nie zur Alibifigur werden. Im Gegenteil. Wer in Gefahr steht, Buddha zum Alibi zu machen, dem wird der Satz entgegengehalten: »Wer dem Buddha begegnet, töte den Buddha.« Der Buddha selber sah bereits, wie gefährlich es ist, wenn die Menschen sich blind und fanatisch an eine Lehre klammern, und sei es die des Buddha selbst. Ziel für den Menschen ist: nicht Buddhist, sondern Buddha zu werden.

Gott Gott sein lassen

Für Rilke entscheidend ist das in Buddha veranschaulichte *nichtdualistische Gottesverständnis*. In Metaphern wie »Ferne«, »Hoheit«, »Kreis«, »Unendlichkeit«, die in allen drei Gedichten auftauchen, wird die Vollkommenheit dieser religiösen Grundhaltung zum Ausdruck gebracht: ein nichtobjektiviertes, nichtfunktionalisiertes, nichtdualistisches Gottesverständnis. Dieser Buddha ist ein »Gott«, der unserer gerade nicht bedarf, der selbst dann, wenn wir uns vor ihm niederwürfen, nicht reagieren würde. Buddha ist der »Gott«, zu dem der Mensch keine Beziehung eingehen kann, der weder geliebt werden noch selber lieben will und der gerade so frei ist und den Menschen frei macht. Ein Gott näherhin, der die Wahrheit, die Wirklichkeit *ist*, ausgedrückt in der Metapher des Millionen Jahre alten Kreisens. Buddha ist der »Gott«, der bereits erfahren hat, was uns noch »verweist«

im doppelten Sinn des Wortes. Ein »Gott«, an dem nichts »hängt« und der so ganz im Kontrast zu einem »Gott des Mittelalters« steht, der von den Interessen der Menschen »herabgezogen« und von denen der Kirche »umklammerart« wird.

Im Buddha ist in dessen vollkommener Versenkung eine Vollkommenheit sichtbar geworden, die einzigartig, aber nicht exklusiv ist. Offen ist er nicht für Anbetung, aber für Realisation; nicht für Kult, sondern für Kultur; nicht für Entlastung, sondern für Selbst-Bestimmung. *Jeder* kann Buddha werden, kann die Buddha-Natur in sich lebendig werden lassen. Das entsprach Rilkes seit dem »Stundenbuch« entwickelter Poetik des Gott-Gebärens durch den Künstler und sein Werk. Exklusiv buddhistisch ist das nicht. Um zu dieser Einsicht zu gelangen, muss man nicht Buddhist werden, aber etwas von dem verstanden haben, was den Künstler Rilke umtreibt. Verstanden von einem Mann, der schon in seinem »Stundenbuch«, im ersten Teil, im »Buch vom mönchischen Leben« (1899), geschrieben hatte:

> *»Denn nur dem Einsamen wird offenbart,*
> *und vielen Einsamen der gleichen Art*
> *wird mehr gegeben als dem schmalen Einen.*
> *Denn jedem wird ein andrer Gott erscheinen,*
> *bis sie erkennen, nah am Weinen,*
> *dass durch ihr meilenweites Meinen*
> *durch ihr Vernehmen und Verneinen*
> *verschieden nur in hundert Seinen*
> ein *Gott wie eine Welle geht.*

Das ist das endlichste Gebet,
das dann die Sehenden sich sagen:
Die Wurzel Gott hat Frucht getragen,
geht hin, die Glocken zu zerschlagen;
wir kommen zu den stillern Tagen,
in denen reif die Stunde steht.
Die Wurzel Gott hat Frucht getragen.
Seid ernst und seht.« (I, 175)

Wir tragen noch nach: Ein Jahr nach Rilkes Tod, 1927, legt *Helene von Nostitz* ihr Buch über Rodin vor: »Rodin in Gesprächen und Briefen«. Es sind persönlich gehaltene Erinnerungen an ihre Zeit in Paris und Meudon. Eingeführt von Harry Graf Kessler, war sie im Frühjahr 1907 nach Meudon gereist. Rodin fertigt eine Porträt-Büste von ihr an. In dieser Zeit bewohnt sie das gleiche Häuschen im Garten zu Meudon, in dem Rilke 1905/06 gelebt hatte. Zu Rilke ist der Kontakt eng und bleibt über viele Jahre erhalten, wie ein Briefwechsel zwischen beiden dokumentiert.[73] Auf den letzten Seiten ihres schmalen Bändchens über Rodin findet sich ein Hinweis auf die Schwäne im Garten zu Meudon, aber auch auf den Buddha, voll Scheu, voll Zartheit, ganz angemessen der Grundhaltung, mit der auch Rilke sich dieser Figur genähert hatte:

> »Doch noch einmal möchte ich mit Rodin auf dem Hügel von Meudon stehen – in dieser Frühlingszeit, die er selbst in einem Brief beschreibt: ›Es ist Frühling, mein Hügel ist in Blüte von allen Seiten. Ich betrachte die weiße, duftende Pracht, ›et je Vous offre en pensée ces fleurs de France‹. Die Schwäne breiteten wieder ihre starken, weißen Flügel aus, und ihr strahlendes Weiß leuchtete zwischen den Irisbüschen und Veilchenfeldern. Der Buddha saß nachdenklich vor dem Hintergrund der fernen Hügel.«[74]

Unsere Geschichte ist damit zu Ende erzählt. Ich habe gefunden, wonach ich suchte, als ich mich auf Rilkes Texte einließ: Wissen ohne Besserwisserei, Weisheit ohne Belehrung, Orientierung ohne Zeigefinger. Kurz: Geist und Schönheit zugleich. Die Auseinandersetzung mit der Dichtung ist kein überflüssiger Umweg, keine Spielerei für Lyrik-Entzückte, sondern eine Möglichkeit, spirituell in die Tiefe zu gelangen – ohne Willensanstrengung, ohne Krampf, ohne Muss, ohne »Du sollst«. Sie führt über das »Haben« hinaus zum »Sein«. Sie führt nicht ins weltfremde Abseits, sondern in die Tiefe der Dinge, in das Zentrum der Welt.

Epilog: Das Gleichnis vom Floß

Wer Buddha richtig verstanden hat, braucht Buddha nicht mehr. Wer weiß, was »Gott« ist, hört auf, ihn zu brauchen und zu verbrauchen. In den Buddha-Reden gibt es für diesen Grundgedanken einen Schlüsseltext, der zu den schönsten dieser Sammlung gehört: *Das Gleichnis vom Floss*. In der von Karl Eugen Neumann übersetzten »Mittleren Sammlung« ist es abgedruckt im »Buch der Gleichnisse«.[75] Mit diesem Text will ich dieses Buch ausklingen lassen:

> »Als Floss, ihr Mönche, will ich euch die Lehre weisen, zum Entrinnen tauglich, nicht zum Festhalten. Das höret und achtet wohl auf meine Rede.«
>
> »Ja, o Herr!« antworteten da jene Mönche dem Erhabenen aufmerksam. Der Erhabene sprach also:
>
> »Gleichwie, ihr Mönche, wenn ein Mann, auf der Reise, an ein ungeheures Wasser käme, das diesseitige Ufer voller Gefahren und Schrecken, das jenseitige Ufer sicher, frei von Schrecken, und es wäre kein Schiff da zur Überfuhr, keine Brücke diesseits um das jenseitige Ufer zu erreichen. Da würde dieser Mann denken: ›Das ist ja ein ungeheures Wasser, das diesseitige Ufer voller Gefahren und Schrecken, das jenseitige Ufer sicher, frei von Schrecken, und kein Schiff ist da zur Überfuhr, keine Brücke diesseits um jenseits hinüberzugelangen. Wie, wenn ich nun Röhricht und Stämme, Reisig und Blätter sammelte, ein Floss zusammenfügte und mittelst dieses Flosses, mit Händen und Füßen arbeitend, heil zum jenseitigen Ufer hinübersetzte?!‹ Und der Mann, ihr Mönche, sammelte nun Röhricht und Stämme, Reisig und Blätter, fügte ein Floss zusammen

und setzte mittelst dieses Flosses, mit Händen und Füßen arbeitend, heil ans jenseitige Ufer hinüber. Und, gerettet, hinübergelangt, würde er also denken: ›Hochtheuer ist mir wahrlich dieses Floss, mittelst dieses Flosses bin ich, mit Händen und Füßen arbeitend, heil ans jenseitige Ufer gelangt. Wie, wenn ich nun dieses Floss auf den Kopf heben oder auf die Schultern laden würde und hinginge, wohin ich will?‹ Was haltet ihr davon, Mönche? Würde wohl dieser Mann durch solches Thun das Floss richtig behandeln?«

»Gewiss nicht, o Herr!«

»Was hätte also, ihr Mönche, der Mann zu thun, damit er das Floss richtig behandelte? Da würde, ihr Mönche, dieser Mann, gerettet, hinübergelangt, also erwägen: ›Hochtheuer ist mir wahrlich dieses Floss, mittelst dieses Flosses bin ich, mit Händen und Füßen arbeitend, heil an das jenseitige Ufer hinübergelangt. Wie, wenn ich nun dieses Floss ans Ufer legte oder in die Fluth senkte und hinginge, wohin ich will?‹ Durch solches Thun, wahrlich, ihr Mönche, würde dieser Mann das Floss richtig behandeln. Ebenso nun auch, ihr Mönche, habe ich die Lehre als Floss dargestellt, zum Entrinnen tauglich, nicht zum Festhalten.

> Die ihr das Gleichnis vom Flosse,
> ihr Mönche, verstehet,
> Ihr habt auch das Rechte zu lassen,
> geschweige das Unrecht.«

Zeittafel

Um 800 u.Z. Errichtung der buddhistischen Wallfahrtsstätte **Borobodur** als »kosmisches Mandala« auf der Insel Java/Indonesien.

1814 »Wiederentdeckung« von Borobodur durch den englischen Gouverneur Javas, **Thomas Stampford Raffles.**

1785-1860 **Arthur Schopenhauer.** Erster starker Einfluss buddhistischer Geistigkeit auf die deutsche Philosophie.

1865-1915 **Karl Eugen Neumann.** Erste Übersetzungen buddhistischer Schriften aus dem Pali-Kanon in deutscher Sprache.

1840-1917 **Auguste Rodin**

1875 **Rainer Maria Rilke** in Prag geboren.

1893 Weltausstellung in Chicago: »Parlament der Religionen der Welt«.

1900 *April bis September:* Weltausstellung in Paris. In einem zum Holländisch-Indischen Pavillon gehörenden »Tempel« werden Buddhas von Borobodur gezeigt.
Mai bis August: Zweite Reise Rilkes nach Russland. Begegnung u.a. mit Tolstoj.

August: Erster Besuch der Künstlerkolonie Worpswede bei Bremen.

1901   *28. April:* Heirat Rilkes mit der Bildhauerin Clara Westhoff in Bremen.

1902   *Juli:* Das »Buch der Bilder« erscheint.
Ende August: Erste Reise nach Paris. Erste (durch den »Malte«-Roman nachmals »weltliterarische«) Adresse: Rue Toullier Nr. 11, unweit des Jardin du Luxembourg.
2. September: Erster Besuch bei Rodin in **Meudon** bei Paris.
21. September: Das Gedicht »Herbsttag« entsteht.
Anfang Oktober (bis 19. März 1903) wohnt Rilke in der Rue de l'Abbé de l'Épée Nr. 3 , ebenfalls unweit des Jardin du Luxembourg. In dieser Zeit entsteht das Gedicht »Der Panther«, angeregt durch einen Besuch im Jardin des Plantes.

1903   *Februar/März:* Die Künstler-Monografien »Worpswede« und »Auguste Rodin« erscheinen.
März/April: In Viareggio (bei Genua) entsteht der dritte Teil des »Stundenbuches«: »Das Buch von der Armut und vom Tode«.

1904   *Februar:* In Rom beginnt Rilke mit der Arbeit am Roman »Auf-zeichnungen des Malte Laurids Brigge« (vollendet Januar 1910).

Juni: Reise über Kopenhagen nach Schweden auf Veranlassung der Pädagogik-Schriftstellerin Ellen Key (bis Anfang Dezember).

1905   *März/April:* Kuraufenthalt in Dresden. Rilke lernt hier Gräfin Luise Schwerin kennen, die ihn nach Schloss Friedelhausen einlädt.

Ende Juli bis Anfang September: Aufenthalt auf Schloss Friedelhausen. Kontakte zu künftig wichtigen Förderinnen und Förderern wie Alice Faehndrich sowie Karl und Elisabeth von der Heydt.

Ende August: Von Friedelhausen aus nimmt Rilke erneut Kontakt mit Rodin auf. Einladung nach Paris.

15. September: Zweiter Besuch in Meudon. Entdeckung einer **Buddha-Plastik** im Garten zu **Meudon.** Rilke nimmt Rodins Angebot an, als »Sekretär« bei ihm zu bleiben, und bezieht Wohnung in einem »Häuschen«, angrenzend an den Pavillon de l'Alma in Meudon (bis Mai 1906).

Ende des Jahres: Das **erste Buddha-Gedicht** entsteht. Das »Stundenbuch« erscheint im Leipziger Insel-Verlag.

1906   *Mitte Mai:* Nach Aufkündigung des Arbeitsverhältnisses durch Rodin zieht Rilke nach Paris und wohnt jetzt in der Rue Cassette Nr. 29 (bis Ende Juli).

Im Juli entstehen u.a. die Gedichte »Römische Fontäne« (8.7.),
das **zweite Gedicht »Buddha«** (19.7.) und »Blaue Hortensie«
(Mitte Juli).

Im *Sommer* Reisen durch Belgien und Deutschland.

Dezember: Das »Buch der Bilder, zweite, sehr vermehrte Ausgabe«
erscheint.

Von *Anfang Dezember* bis *Mitte Mai* 1907 Aufenthalt auf der
italienischen Mittelmeer-Insel Capri.

1907 *Mai bis Oktober:* Paris, zunächst Hotel du Quai Voltaire, dann
wieder Rue Cassette Nr. 29.

November: Versöhnung mit Rodin.

Dezember: Der erste Band **»Neue Gedichte«** erscheint im
Leipziger Insel-Verlag, gewidmet »Karl und Elisabeth von der
Heydt in Freundschaft«. Er enthält die ersten beiden »Buddha«-
Gedichte.

1908 *Ende Februar bis Mitte April:* Zweiter Aufenthalt auf Capri.
Anschließend (*bis Ende August*): Paris. Erneute Einladung Rodins
nach Meudon.

15. Juli: Das **dritte »Buddha«-Gedicht** entsteht: **»Buddha in
der Glorie«.**

29. Juli: Erneuter Besuch in Meudon.

8. September: Clara Rilke hat ihrem Mann ein Exemplar der
»Reden Gotamo Buddhos« geschickt, übersetzt von

Karl Eugen Neumann, erschienen im Piper Verlag München 1907. Rilke reagiert »staunend« und abwehrend zugleich.
November: **»Der Neuen Gedichte anderer Teil«** erscheint im Leipziger Insel-Verlag. Die Widmung lautet »A mon grand ami Auguste Rodin«. Das Gedicht **»Buddha in der Glorie«** schließt als Schlusstext diesen Band und damit den gesamten Zyklus der »Neuen Gedichte« ab.

1910   *Ende Mai:* Der Roman »Die Aufzeichnungen des Malte Laurids Brigge« erscheint im Leipziger Insel-Verlag.

Literatur

I. Quellenwerke

1. Rainer Maria Rilke (1875-1926)

(1) Ausgaben

Werke. Kommentierte Ausgabe, hrsg. v. M. Engel u.a., Bd. I-IV, Frankfurt/M. – Leipzig 1996 (im Text abgek. mit: römischer Bandzahl + Seitenzahl)

Sämtliche Werke in zwölf Bänden, hrsg. vom Rilke-Archiv in Verbindung mit R. Sieber-Rilke, besorgt durch E. Zinn, Frankfurt/M. 1976 (im Text abgek. mit: arabischer Bandzahl + Seitenzahl). Alle *Datierungsangaben* Rilkescher Texte stützen sich auf diese Ausgabe.

(2) Thematisch relevante Dichtungen

Auguste Rodin (1903). Um einen Rodin-Vortrag erweiterte Ausgabe (1907), in: IV, 401-483;

Buddha (entst. 1905), in: Neue Gedichte (1907), in: I, 462;

Buddha (entst. 1906), in: Neue Gedichte (1907), in: I, 489;

Buddha in der Glorie (entst. 1908), in: Der Neuen Gedichte anderer Teil (1908), in: I, 586;

Das Stundenbuch (1905), in: I, 153-252;

Die Aufzeichnungen des Malte Laurids Brigge (1910), in: III, 453-635.

Rodin. Augenblicke der Leidenschaft. Aquarellierte Zeichnungen und Texte. Mit einem Nachwort von Annette Ludwig, Frankfurt/M. – Leipzig 2000.

(3) Briefwechsel

R.M. Rilke – A. Rodin, Der Briefwechsel und andere Dokumente zu Rilkes Begegnung mit Rodin, hrsg. v. R. Luck, Frankfurt/M. – Leipzig 2001 (im Text abgek. mit R-R + Seitenzahl).

R.M. Rilke, Briefe in 2 Bänden, hrsg. v. H. Nalewski, Frankfurt/M. – Leipzig 1991.

ders., Briefe, hrsg. vom Rilke-Archiv in Weimar in Verbindung mit Ruth Sieber-Rilke, besorgt durch K. Altheim, Wiesbaden 1950.

2. Karl Eugen Neumann (1865-1915)

Die Reden Gotamo Buddhos aus der Mittleren Sammlung Majjhima-Nikāyo des Pali-Kanons zum ersten Mal übersetzt, Bd. I-III, München 1919; 3. Aufl. 1922, Teilausgabe, ausgew. u. erläutert von H. Hecker, München 1987 (Serie Piper 668).

Die innere Verwandtschaft buddhistischer und christlicher Lehren, Leipzig 1891.

Buddhistische Anthologie. Texte aus dem Pali-Kanon zum ersten Mal übersetzt, Leiden 1892.

Der Wahrheitspfad. Ein buddhistisches Denkmal. Aus dem Pali in den Versmaßen des Originals übersetzt, Leipzig 1893.

Die Reden Gotamo Buddhos aus der Längeren Sammlung, Bd. I-III, München 1907-1918.

II. Sekundärliteratur

1. Zu Rainer Maria Rilke

(1) Zu Leben und Werk

I. Schnack, Rainer Maria Rilke. Chronik seines Lebens und seines Werkes, 1875-1926, erweiterte Neuausgabe, hrsg. v. R. Scharffenberg, Frankfurt/M 2009.

D.A. Prater, Ein klingendes Glas. Das Leben Rainer Maria Rilkes. Eine Biographie. Aus dem Englischen von Fred Wagner, Hamburg 1989.

R. Friedman, Rainer Maria Rilke, Bd. I-II, Frankfurt/M. 2001-2002.

M. Engel (Hrsg.), Rilke-Handbuch. Leben – Werk – Wirkung. Darmstadt 2004

F.J. Raddatz, Rainer Maria Rilke. Überzähliges Dasein. Eine Biographie, Zürich – Hamburg 2009.

(2) Zu Rodin und seiner Beziehung zu Rilke

F.V. Grunfeld, Rodin. A Biography, London 1987.

R. Butler, Rodin. The Shape of Genius, New Haven – London 1993.

C. Ebneter, Rilke und Rodin. Paris 1902-1913, Sierre 1997 (mit reichhaltigem Bildmaterial).

B. Garnier, Rodin. Antiquity is my Youth. A Sculpture's Collection, Paris 2002.

R. Masson – V. Mattiussi, Rodin, Paris 2004.

Rodin. Le Rêve Japonais (mit Beiträgen u.a. von B. Garnier), Paris 2007.

(3) Zu den Buddha-Gedichten

B.L. Bradley, Rilkes Buddha-Gedichte von 1905 und 1906: Werkstufen in der Auffassung und Realisierung von »Geschlossenheit«, in: Rilke heute. Beziehungen und Wirkungen, hrsg. v. I.H. Solbrig – J.W. Storck, Frankfurt/M. 1975, S. 27-35.

V. Zotz, Auf den glückseligen Inseln. Buddhismus in der deutschen Kultur, Berlin 2000, S. 280-286.

Y. Lee, Rainer Maria Rilke. Jenseits der reflektierten Gedanken. Ein Beitrag zur Poetik Rilkes aus interkultureller Perspektive: Taoismus, Zen-Buddhismus, Osnabrück 2002, bes. S. 64-72.

U. Baer, »Buddha«, in: ders., Das Rilke-Alphabet, Frankfurt/M. 2006, S. 26-46.

(4) Zur Rilke-Rezeption aus buddhistischer Sicht

D. Bassermann, Entwurf einer Darstellung gewisser Analogien in den Voraussetzungen von Rilkes Orpheus und dem Zen-Buddhismus (1951), in: ders., Der andere Rilke. Gesammelte Schriften aus dem Nachlass, hrsg. v. H. Mörchen, Bad Homburg 1961, S. 188-204.

R. Kassner, Zen, Rilke und ich (1956), in: ders., Rilke. Gesammelte Erinnerungen 1926-1956, hrsg. v. K.E. Bohnenkamp, Pfullingen 1976, S. 62-72.

Jinhyung Park, Rainer Maria Rilkes Selbstwerdung in buddhistischer Sicht. Ein literatur- und religionswissenschaftlicher Beitrag zu einem neuen Rilke-Verständnis, Frankfurt/M. 1990.

M. Motoyoshi, Rilke in Japan und Japan in Rilke, in: Rilke und die Weltliteratur, hrsg. v. M. Engel – D. Lamping, Düsseldorf 1999, S. 299-319.

H. Hecker, Buddhistischer Umgang mit Rilke. Eine existentielle Studie, Stammbach 2007.

2. Zu Karl Eugen Neumann

S. Zweig, Erhabenes Vermächtnis, in: Neue Freie Presse (Wien), 26. September 1919.

H. von Hofmannsthal, Neumanns Übertragung der buddhistischen heiligen Schriften. Anläßlich einer neuen Ausgabe der Reden Gotamo Buddos (1921), in: ders., Gesammelte Werke. Reden und Aufsätze, Bd. II (1914-1924), Frankfurt/M. 1979, S. 150-156.

Th. Mann, Die Buddho-Verdeutschung Karl Eugen Neumanns (1923), in: ders., Die Forderung des Tages. Abhandlungen und kleine Aufsätze über Literatur und Kunst, Frankfurt/M. 1986, S. 168f.

H. Hesse, Die Reden Buddhas (1921), in: Sämtliche Werke, Bd. XVIII (Die Welt im Buch III: Rezensionen und Aufsätze aus den Jahren 1917-1925), Frankfurt/M. 2002, S. 348-351

R. Piper, Vormittag. Erinnerungen eines Verlegers, München 1947, S. 385-389.

H. Hecker, Karl Eugen Neumann. Erstübersetzer der Reden des Buddha, Anreger zu abendländischer Spiritualität, Hamburg 1986 (mit einem Verzeichnis aller Schriften Neumanns, S. 447-451, einer Liste der erhaltenen Briefe Neumanns, S.452-468 und Literatur über Neumann, einschl. Rezensionen, S. 469-483).

  ders., Karl Eugen Neumann, in: H. Hecker, Lebensbilder deutscher Buddhisten Bd.I (Gründer), Konstanz 2. Aufl. 1996, S. 127-144.

V. Zotz, Auf den glückseligen Inseln. Buddhismus in der deutschen Kultur, Berlin 2000, S. 90-101.

3. Zu Borobodur

J. Miksic, Borobodur. Das Pantheon Indonesiens, München 1991.
L. Frédéric, Borobodur. Aufnahmen von Jean-Louis, München 1995.
Ph. Grabsky, The Lost Temple of Java, London 2000.

4. Zur Weltausstellung Paris 1900

J. Molitor, Illustrierter Führer durch Paris und die Weltausstellung 1900, Bd. I-II, Straßburg 1900.
A.J. Meier-Graefe (Hrsg.), Die Weltausstellung in Paris 1900. Mit zahlreichen photographischen Aufnahmen, farbigen Kunstbeilagen und Plänen, Paris – Leipzig 1900.

Anmerkungen

1 *K.-J. Kuschel,* »Gott von Mohammed her fühlen«. Rainer Maria Rilkes Islam-Erfahrung auf den Reisen durch Nordafrika und Spanien, in: ders., Gott liebt es, sich zu verstecken. Literarische Skizzen von Lessing bis Muschg, Ostfildern 2007, S. 177-206.

2 *K.-J. Kuschel,* Vom Streit zum Wettstreit der Religionen. Lessing und die Herausforderung des Islam, Düsseldorf 1998; *ders.,* »Jud, Christ und Muselmann – vereinigt?« Lessings »Nathan der Weise«, Düsseldorf 2004.

3 *K.-J. Kuschel,* »Lebenskunst, Lebensweisheit, Liebe zum Alltag ...« Adolf Muschg und die Entdeckung des Zen-Buddhismus, in: ders., Gott liebt es, sich zu verstecken. Literarische Skizzen von Lessing bis Muschg, Ostfildern 2007, S. 207-225.

4 *G. Benn,* »Interieur (Haingott mit Buddhazügen, 17. Jh.)«, in: Sämtliche Werke, Stuttgarter Ausgabe in Verbindung mit I. Benn, hrsg. v. G. Schuster, Bd. II (Gedichte 2), Stuttgart 1986, S. 71. Der Wortlaut des Gedichtes:

»Gangesgott
unter der Pendeluhr –:
welcher Spott
in Deine Lotosflur!
Schläge, Zeiten,
Stunden und Stundensinn
vor Ewigkeiten,
Rätsel und Anbeginn!
Zielen, Zeigen,
Rufen für wann und wen,
wo dort im Schweigen
die alten Tiefen stehn,

Die lächeln allen,
und alles ist sich nah –,
die Zeiger fallen
und nur der Gott ist da.«

Eine erste Interpretation dieses Gedichtes versuche ich in dem Band: *K.-J. Kuschel
– G. Klosinski,* Buddha und Christus. Bilder und Meditationen, Düsseldorf 2009,
S. 23-25.
Im Jahre 1937 entsteht während seines dänischen Exils *Bertolt Brechts* Gedicht
»Gleichnis des Buddha vom brennenden Haus«, eingegangen in die Gedicht-
sammlung »Svendborger Gedichte« (1939), nachzulesen in: B. Brecht, Werke.
Große Kommentierte Berliner und Frankfurter Ausgabe, hrsg. v. W. Hecht
u.a., Bd. XII (Gedichte 2: Sammlungen 1938-1956), Frankfurt/M. 1988, S. 36f.
5 *G. Kaiser,* »Der Buddha«, in: Werke, hrsg. v. W. Huder, Bd. IV (Filme – Roma-
ne – Erzählungen – Aufsätze – Gedichte), Frankfurt/M. – Berlin – Wien 1971,
S. 708. Der Wortlauf des Gedichtes:

»Die Sonnenuntergänge seiner Augen
erlitt er nicht als endliches Ermatten,
um ganz begierig nach dem Liderschatten
aus vollem Dunkel volle Nacht zu saugen.

Nicht in die Lippen schnitt sich das Ermüden
und jene *Schwere* der zu vielen Worte,
die nun erschöpften sich vom großen Horte
und nie mehr Münzen in die Schreine lüden.

Dies ist in allem nur ein Selbstverhüllen
und ein Versammeln zu der letzten Stärke,
die ihn befähigt zu dem stillsten Werke
und laut doch, um das Nichts mit ihm zu füllen.«

6 In den 1950er-Jahren entsteht *H. Hesses* Gedicht »Uralte Buddha-Figur in einer japanischen Waldschlucht verwitternd«, nachzulesen in: Sämtliche Werke, hrsg. v. V. Michels, Bd. X (Die Gedichte), Frankfurt/M. 2002, S. 390f.

7 Vgl. dazu: *M. Windfuhr,* »Religiöse Produktivität« – die biblisch-jüdischen Motive in Rilkes »Neuen Gedichten«, in: »Das offene Ende, durch das wir denken und atmen können …« Theologie und Literatur im wechselseitigen Fragehorizont, Münster 2001, S. 41-58.

8 *R.M. Rilke,* Brief an Clara Westhoff vom 4. September 1908, in: Briefe in 2 Bänden, hrsg. v. H. Nalewski, Bd. I, Frankfurt/M. – Leipzig 1991, S. 311f.

9 *R.M. Rilke,* a.a.O., S. 311f.

10 Belegt bei *I. Schnack,* Rainer Maria Rilke. Chronik seines Lebens und seines Werkes, 1875-1926, erweiterte Neuausgabe, hrsg. v. R. Scharffenberg, Frankfurt/M 2009, S. 309.

11 *A. Schopenhauer,* Die Welt als Wille und Vorstellung, Bd. II (Kapitel 48), in: Sämtliche Werke, textkritisch bearb. u. hrsg. v. W. Frhr. von Löhneysen, Bd. II, Darmstadt 1973, S. 773f. Immer noch lesenswert das *Schopenhauer*-Kapitel in: *H. von Glasenapp,* Stuttgart 1960, S. 68-101.

12 *V. Zotz,* Auf den glückseligen Inseln. Buddhismus in der deutschen Kultur, Berlin 2000, S. 74f. Auch das vorausgegangene Schopenhauer-Wort ist hier belegt.

13 *H. von Glasenapp,* a.a.O., S. 99.

14 Einzelheiten in der neuesten Biographie: *H. Feldhoff,* Nietzsches Freund. Die Lebensgeschichte des Paul Deussen, Bonn 2008.

15 Einzelheiten dazu bei: *J. Figl,* Nietzsche und die Religionen. Transkulturelle Perspektiven seines Bildungs- und Denkweges, Berlin – New York 2007. Ebenso: *R.G. Morrison,* Nietzsche and Buddhism. A Study in Nihilism and Ironic Affinities, Oxford 1997.

16 *O. Ryogi,* Wie man wird, was man ist. Gedanken zu Nietzsche aus östlicher Sicht, Darmstadt 1995, S. 5f.

17 Eine genauere Schopenhauer-Kenntnis lässt sich bei Rilke nicht nachweisen, wohl aber ein Einfluss der Philosophie Nietzsches, ja sogar eine direkte Beschäftigung mit einem Schlüsselwerk des frühen Nietzsche: »Die Geburt der Tragödie«. »Marginalien« dazu existieren von Rilkes Hand (IV, 161-172). Dagegen ist eine Kenntnis des Buddhismus-Bildes von Schopenhauer und Nietzsche bei Rilke nicht nachzuweisen. Einzelheiten zum Einfluss Schopenhauers und Nietzsches auf Rilke in: Rilke-Handbuch. Leben – Werk – Wirkung, hrsg. v. M. Engel unter Mitarbeit v. Dorothea Lauterbach, Stuttgart 2004, S. 160-164. Ebenso: *M. Engel,* Schopenhauer und Nietzsche – Patres der Moderne, in: I, 612-620. *A. Stahl,* »ein paar Seiten Schopenhauer« – Überlegungen zu Rilkes Schopenhauer-Lektüre und deren Folgen, in: Schopenhauer-Jahrbuch 69 (1988), S. 569-582 u. 70 (1989), S. 174-187.

18 *Th. Mann,* Die Buddho-Verdeutschung Karl Eugen Neumanns (1923), in: Die Forderung des Tages. Abhandlungen und kleine Aufsätze über Literatur und Kunst, Frankfurt/M. 1986, S. 168f. Weitere Stimmen von Gelehrten, Schriftstellern und Publizisten zu Neumanns Übersetzungswerk enthält der hochinformative Band von *H. Hecker,* Karl Eugen Neumann. Erstübersetzer der Reden des Buddha, Anreger zu abendländischer Spiritualität, Hamburg 1986, S. 162-264.

19 *G. Hauptmann,* zitiert bei R. Piper, Vormittag, Erinnerungen eines Verlegers, München 1947, S. 388. Hier auch der Beleg für das gleich anschliessende Zitat von Edmund Husserl.

20 *R. Piper,* a.a.O., S. 385.

21 *R. Piper,* a.a.O., S. 387f.

22 *S. Zweig,* Erhabenes Vermächtnis, in: Neue Freie Presse, Wien, 26. September 1919.

23 *H. von Hofmannsthal,* Neumanns Übertragung der buddhistischen heiligen Schriften. Anläßlich einer neuen Ausgabe der Reden Gotamo Buddhos (1921), in: ders., Gesammelte Werke. Reden und Aufsätze, Bd. II (1914-1924), Frankfurt/M. 1979, S. 153f.

24 Einzelheiten in der hochinformativen Studie von: *Ch. Gellner,* Hermann Hesse und die Spiritualität des Ostens, Düsseldorf 2005.

25 *H. Hesse,* Die Reden Buddhas (1921), in: Sämtliche Werke Bd. XVIII, Frankfurt/M. 2002, S. 262.

26 Als Beispiel sei genannt die Übertragung der »Mittleren Sammlung« von *Kurt Schmidt,* erschienen im Rowohlt-Verlag (Hamburg) im Mai 1961. Dort liest man zu Neumanns Übersetzung: »Für die damalige Zeit und nach dem damaligen Stande der Pali-Wissenschaft war dieses Übersetzungswerk [von Karl Eugen Neumann] eine hervorragende Leistung. Seitdem ist aber die Indologie fortgeschritten, und man hat gefunden, dass Neumann viele Pali-Wörter, die für das Verständnis der Buddhalehre wichtig sind, falsch gedeutet hat, z.B. *dukkha* als Leiden, *sankhārā* als Unterscheidungen, *sati* als Einsicht, *satipatthāna* als Pfeiler der Einsicht, *sotāpanna* als zur Hörerschaft gelangt. Hinzu kommt, dass Neumann eine ›identische‹ Übersetzung geben wollte. ›Ohne einen Strich hinzu- oder wegzutun‹, sagt er im Vorwort zum zweiten Bande, habe er ›schlicht und unangetastet übersetzt, bis auf Titel und Punkt‹. Tatsächlich hat er für fast jedes Pali-Wort ein deutsches Wort gesetzt. Auf solche Weise musste aber notwendig, ganz abgesehen von sachlichen Irrtümern, eine Übersetzung zustande kommen, die eine falsche Vorstellung vom Sinn und von der Bedeutung des Originals hervorruft. Davon kann sich jeder, auch ohne Pali-Kenntnis, überzeugen, wenn er folgende Übersetzung aus dem Englischen liest: *He was good enough to call to me once more* – Er war gut genug, auf mich zu rufen einmal mehr, statt: Er war so freundlich, noch einmal bei mir vorbeizusprechen. Wie viele Wörter stimmen in der richtigen Übersetzung mit dem Original überein, und wie viele mussten durch ganz andere Wörter wiedergegeben werden? Gilt dies schon für eine Übersetzung aus einer modernen europäischen Sprache in eine andere, so gilt es noch viel mehr für die Übersetzung aus einer Sprache, die vor 2500 Jahren im fernen Indien gesprochen wurde. Eine ›identische‹ Übersetzung ist also nicht die, welche den Urtext Wort für Wort wiedergibt, sondern die, welche zunächst den Sinn des Urtextes ergründet und dann für diesen Sinn den möglichst genau entsprechenden Ausdruck in unserer Sprache sucht. Die Sprache der Übersetzung darf aber auch nicht gekünstelt altertümlich sein, denn der Urtext war, als er geschaffen wurde, gesprochenes Wort der gewöhnlichen Umgangssprache.« (Buddhas Reden. Die Sammlung der mittleren Texte des buddhistischen Pali-Kanons. In kritischer, kommentierter Neuübertragung von K. Schmidt, Hamburg 1961, S. 9f.)
27 *R.M. Rilke,* Brief an Clara Rilke vom 8. September 1908, in: Briefe in 2 Bänden, hrsg. v. H. Nalewski, Bd. I, Frankfurt/M., Leipzig 1991, S. 314f.

28 Einzelheiten dazu bei: *M. Sauer,* Clara Rilke-Westhoff. Biographie, Frankfurt/M., Berlin 1990.

29 *R.M. Rilke,* Brief an Clara Rilke vom 31. August 1902, in: Briefe in 2 Bänden, Bd. I, S. 126.

30 So im Brief an Magda von Hattingberg am 15. Februar 1914, also 13 Jahre nach der Hochzeit, nachzulesen in: *R.M. Rilke,* Briefwechsel mit Magda von Hattingberg, hrsg. v. I. Schnack – R. Scharffenberg, Frankfurt/M. – Leipzig 2000, S. 97.

31 Derselbe Wortlaut noch elf Jahre später, als Rilke in einem Brief vom 31. Oktober 1913 an Sidonie Nádherný über Scheidungspläne Claras berichtet und diesen zustimmt. Eines der wenigen Zeugnisse, aus denen wir über Rilkes Einschätzung seiner Ehe etwas erfahren: »Dass Kunst, Arbeit und Leben irgendwo ein Entweder Oder ist, entdeckt ja jeder zu seiner Zeit – aber für die Frau mag diese Wahl freilich einen Schmerz und Abschied ohnegleichen bedeuten.« In: Rainer Maria Rilke – Sidonie Nádherný von Borutin, Briefwechsel 1906-1926, hrsg. u. kommentiert v. J.W. Storck, Göttingen 2007, S. 190.

32 *D.A. Prater,* Ein klingendes Glas. Das Leben Rainer Maria Rilkes. Eine Biographie, München – Wien 1986, S. 194.

33 *R. Freedman,* Rainer Maria Rilke. Der junge Dichter 1875-1906, Frankfurt/M. – Leipzig 2001, S. 328.

34 *F.J. Raddatz,* Rainer Maria Rilke. Überzähliges Dasein. Eine Biographie, Zürich – Hamburg 2009, S. 73f.

35 Zit. nach *I. Schnack,* Rainer Maria Rilke. Chronik seines Lebens und seines Werkes, Bd. I, Frankfurt/M. 1990, S. 205.

36 *R. Freedman,* a.a.O., S. 332.

37 Einzelheiten bei: *R. Scharffenberg,* 1905 – Rilkes Sommer in Friedelhausen, in: Marburger Forum. Beiträge zur geistigen Situation der Zeit 6 (2005), Heft 5.

38 Einzelheiten in: Die Briefe an Karl und Elisabeth von der Heydt 1905-1922, hrsg. v. I. Schnack – R. Scharffenberg, Frankfurt/M. 1986.

39 Grunddokumente und Hintergrundanalysen in: Erklärung zum Weltethos. Die Deklaration des Parlaments der Weltreligionen, hrsg. v. *H. Küng – K.-J. Kuschel,* München 1993. Sowie: Dokumentation zum Weltethos, hrsg. v. *H. Küng,* München 2002.

40 Zitiert bei: *K.-J. Kuschel,* Das Parlament der Weltreligionen 1893/1993, in: Erklärung zum Weltethos, S. 89-123, Zitat S. 92f.

41 Die Reden Vivekanandas auf dem »Parlament der Religionen« in Chicago 1893 sind jetzt in einer neuen Ausgabe greifbar: Svāmī Vivekānāndā, Wege des Yoga. Reden und Schriften. Aus dem Englischen übers. u. hrsg. v. Martin Kämpchen, Frankfurt/M. – Leipzig 2009, S. 9-33. Einzelheiten zu Vivekānāndā bei: *S. Schlensog,* Der Hinduismus. Glaube – Geschichte – Ethos, München 2006, S. 377-381.

42 *A. Millerand,* Rede zur Eröffnung der Pariser Weltausstellung 1900 am 14. April 1900 (Internet Dokumentation unter »Weltausstellung Paris 1900«).

43 *J. Molitor,* Illustrierter Führer durch die Weltausstellung 1900, Strassburg 1900, Bd.I, S. 310.

44 J. Meier-Graefes 1904 erschienene zweibändige »Entwicklungsgeschichte der modernen Kunst«, eine noch heute lesenswerte Darstellung der Kunst des 19. Jahrhunderts, betrachtet den französischen Impressionismus als Höhepunkt der europäischen Malerei der Moderne. Monografien über Auguste Renoir (1911), Vincent van Gogh (1912), Paul Cézanne (1913), nicht zu vergessen die Arbeiten über Degas (1924) und Corot (1930) lassen Julius Meier-Graefe vollends als bedeutende Gestalt europäischer Kunstgeschichtsschreibung erscheinen.

45 *A.J. Meier-Graefe (Hrsg.),* Die Weltausstellung in Paris 1900. Mit zahlreichen fotografischen Aufnahmen, farbigen Kunstbeilagen und Plänen, Paris – Leipzig 1900.

46 *A. Picard,* Rapport Général Administratif et Technique de Exposition universelle internationale de 1900, Bd. V, Paris 1903, S. 72-74, Zitat S. 73.

47 Einzelheiten bei: *K. Berger,* Japonismus in der westlichen Malerei: 1860-1920, München 1980. *S. Wiechmann,* Japonismus: Ostasien – Europa. Begegnungen in der Kunst des 19. und 20. Jahrhunderts, Herrsching 1980. *W. Gebhard,* Ostasienrezeption zwischen Klischee und Innovation: Zur Begegnung zwischen Ost und West um 1900, München 2000.

48 Dokumentiert in: Rodin. Le Rêve Japonais, Paris 2007, S. 78 (Katalog-Nr. 52) sowie S. 85 (Katalog-Nr. 60).

49 Correspondance de Rodin. Bd. II (1900-1907). Textes classés annotés par A. Bausire, H. Pinet, F. Cadout u. F. Fincint, Paris 1985 (Editiens de musée Rodin).

50 Aus: Kunst und Künstler 2 (1904), S. 141.

51 Sagen heutige *Standardbiografien* mehr? Leider nur Vages und nur durch Rilke Beglaubigtes: »Auf demselben Stück Land hatte er [Rodin] ein kleines ›Museum der Antiquitäten‹ errichtet, und auf einem künstlichen Hügel im Garten hatte er einen großen Khmer-Buddha platziert, der Rilke so faszinierte, dass er ein Gedicht darüber schrieb«, so der Biograf *Frederic V. Grunfeld* in seiner englischsprachigen Rodin-Biografie von 1987 (Rodin. A Biography, London 1987, S. 495). Ein wenig Genaueres bei *Bénédicte Garnier* und zwar in ihrem Buch »Rodin. Antiquity is my Youth«: »Einige Werke sind heute verschwunden, und nur die Fotografien erinnern uns an sie, wie die fünf Gipsabdrücke der Buddhas von Borobodur von der Pariser Weltausstellung 1900, draußen aufgestellt und wahrscheinlich durch Wettereinflüsse zerstört« (Rodin. Antiquity is my Youth. A Sculptor's Collection, Paris 2002, S. 14).

52 *R.M. Rilke,* Brief an Clara Rilke vom 21. November 1905, in: Briefe aus den Jahren 1902-1906, hrsg. v. R. Sieber-Rilke – C. Sieber, Leipzig 1903, S. 274f.

53 *S. Zweig,* Rilkes »Neue Gedichte« (1908), in: ders., Begegnungen mit Büchern. Aufsätze und Einleitungen aus den Jahren 1902 bis 1939, Frankfurt/M. 1983, S. 85-89, Zitat S. 88.

54 *U. Baer,* »Buddha«, in: ders., Das Rilke-Alphabet, Frankfurt/M. 2006, S. 40.

55 Dies hat gerade ein buddhistischer Interpret wie *Jinhyng Park* gut erkannt, wenn er in seinem Rilke-Buch schreibt: »Am wichtigsten für uns ist aber, dass jeder den Weg zur Erlösung selbst gehen muss, und dass dieser Weg schließlich sich als ein fortschreitendes hiernach Herauslösen des eigenen Selbst aus jeder Art von Identifikation darstellt. ›Nicht-Identifikation‹ heißt zugleich ›Nicht-Anhaften an nama-rupa‹; ›Bezugslosigkeit zum bestimmten Ich‹. Das bedeutet zunächst, dass jeder, der sich um seine Selbstverwirklichung, besser Selbstwerdung, bemüht, von dem dualistischen Wollen, Denken und Tun befreit werden muss, das sich aus dem Bewusstsein von Persönlichkeit bildet. In diesem Neuansatz finden wir die schlüssige Möglichkeit, den Selbstwerdungsgang Rilkes aus buddhistischer Sicht neu zu beleuchten.« (Rainer Maria Rilkes Selbstwerdung in buddhistischer Sicht. Ein literatur- und religionswissenschaftlicher Beitrag zu einem neuen Rilke-Verständnis, Frankfurt/M. 1990, S. 20).

56 Dieses und das vorige Zitat in: *R.M. Rilke,* Brief an Clara Rilke vom 3. Mai 1906, in: Briefe, hrsg. v. Rilke-Archiv Weimar in Verbindung mit Ruth Sieber-Rilke, besorgt durch K. Altheim, Wiesbaden 1950, S. 125f.

57 *F.J. Raddatz,* a.a.O., S. 70 (wie Anm. 34).

58 Die »Briefe über Cézanne« wurden 1952 von Clara Rilke in einer eigenen Ausgabe herausgegeben.

59 Zit. n. *C. Sieber,* René Rilke. Die Jugend Rainer Maria Rilkes, Leipzig 1932, S. 64.

60 *H. König,* Rilkes Mutter, Pfullingen 1963, S. 19.

61 Einzelheiten bei: *K.-J. Kuschel,* Rainer Maria Rilke und die Metamorphosen des Religiösen, in: ders., »Vielleicht hält Gott sich einige Dichter ...« Literarische Skizzen Bd. I, Kevelaer – Mainz 2005, S. 41-113.

62 *H.D. Zimmermann,* Rainer Maria Rilke: die sanfte Moral der Poeten, in: ders., Der Wahnsinn des Jahrhunderts. Die Verantwortung der Schriftsteller in der Politik, Stuttgart – Berlin – Köln 1992, S. 161.

63 Vgl. dazu: *J.W. Storck,* Aspekte der Mittelalter-Rezeption im Werk Rainer Maria Rilkes, in: Mittelalter-Rezeption, Bd. III. Gesammelte Vorträge des 3. Salzburger Symposions »Mittelalter, Massenmedien, Neue Mythen«, hrsg. v. J. Kühnel u.a., Göppingen 1988, S. 249-271.

64 *R.M. Rilke,* Brief an Gräfin Manon zu Solms-Laubach, in: ders., Briefe, a.a.O., S. 165 (wie Anm. 56).

65 *R.M. Rilke,* Briefe über Cézanne, hrsg. v. C. Rilke, besorgt und mit einem Nachwort versehen von H.W. Petzet mit 7 farbigen Abbildungen, Frankfurt/M. 1983 (Insel-Taschenbuch Nr. 672).

66 Einzelheiten in: »Paris tut not«. Rainer Maria Rilke – Mathilde Vollmoeller. Briefwechsel, hrsg. v. B. Glauert-Hesse, Göttingen 2001.

67 *H. Berendt,* Rainer Maria Rilkes Neue Gedichte. Versuch einer Deutung, Bonn 1957, S. 55.

68 *D. Bassermann,* Rilke und Gott (1934), in: ders., Der andere Rilke. Gesammelte Schriften aus dem Nachlass, hrsg. v. H. Mörchen, Bad Homburg 1961, S. 140-153, Zitat S. 146f.

69 *H. Hesse,* Reden des Buddha (1922), in: ders., Sämtliche Werke, hrsg. v. V. Michels, Bd. XVIII (Die Welt im Buch III), Frankfurt/M. 2002, S. 348-351, Zitat

S. 350. Auch die Fortsetzung dieses Zitates lohnt die Dokumentation: »Der Gedankeninhalt der Buddha-Lehre ist nur eine Hälfte des Werkes Buddha, die andere Hälfte ist sein Leben, ist gelebtes Leben, geleistete Arbeit, getane Zeit. Eine Zucht, eine seelische Selbstzucht allerhöchster Ordnung ist hier geleistet und ist hier gelehrt, von welcher jene Ahnungslosen keine Vorstellung haben, die über ›Quietismus‹ und ›indische Träumerei‹ und dergleichen bei Buddha reden und ihm jene westliche Kardinaltugend, die Aktivität, absprechen. Vielmehr sehen wir Buddha an sich und seinen Jüngern eine Arbeit tun, eine Zucht üben, eine Zielstrebigkeit und Konsequenz betätigen, vor denen auch die echten Helden europäischer Tatkraft nur Ehrfurcht empfinden können« (S. 351).

70 *E. Bloch,* Das Prinzip Hoffnung, Bd. III, Frankfurt/M. 1969, S. 1584.

71 *U. Baer,* a.a.O., S. 35 (wie Anm. 54).

72 *H.D. Zimmermann,* Rainer Maria Rilke: die sanfte Moral des Poeten, in: a.a.O, S. 165 (wie Anm. 62).

73 Einzelheiten in: *R.M. Rilke – H. von Nostitz,* Briefwechsel, hrsg. v. O. von Nostitz, Frankfurt/M. 1976.

74 *H. von Nostitz,* Rodin in Gesprächen und Briefen, Dresden 1927, S. 102f.

75 Die Reden Gotamo Buddhos aus der Mittleren Sammlung Majjhima-Nikāyo des Pali-Kanons zum ersten Mal übersetzt, Bd. I-III, München 1919; 3. Aufl. 1922, Bd. I, S. 327-329.

Ein Wort des Dankes

Wenn man literatur- und religionsgeschichtlich noch weitgehend unerforschtes Gelände betritt, ist man auf Hilfe der verschiedenen Art angewiesen. Dieser Hilfe will ich hier dankbar gedenken.

Für Recherchen in Paris, die mich die Hintergründe Rodins besser verstehen ließen, danke ich Frau *Chantal Luik* (Tübingen). Sie hat ebenso wie Frau *Roswitha Kaiser* (Paris) Kontakte zum Rodin-Museum vermittelt und Rodin-Literatur akquiriert. Frau Kaiser hat sich überdies vor Ort in Paris unermüdlich dafür eingesetzt, dass mir eine Sonderführung durch das Rodin-Museum in Meudon am 27. August 2009 durch Madame Garnier gewährt wurde. Beiden Damen bin ich zu Dank verpflichtet. Insbesondere auch Madame *Bénédicte Garnier,* die mir als Rodin-Expertin in Paris geduldig Auskunft gab und mich auf einige mir bis dahin unbekannte Dokumente hinwies.

Mein Dank gilt auch Prof. *Joachim Storck* (Freiburg), einem der besten Rilke-Kenner in Deutschland. Trotz vieler Verpflichtungen nahm er sich freundlicherweise die Zeit, mein Manuskript kritisch durchzusehen. Durch seine methodischen und stilistischen Analysen meines Textes hat er mir wertvolle Einsichten vermittelt.

Dankbar bin ich Freunden, deren engagierte Lektüre mir geholfen hat, das Manuskript gerade auch sprachlich-stilistisch immer wieder neu zu verbessern: Prof. *Hans Dietl* (Würzburg), *Ralf Becker* (Rottweil) und *Walter Lange* (Castrop-Rauxel). Das gilt in besonderem Maße für Dr. *Stephan Schlensog,* einem ausgewiesenen Kenner von Hinduismus und Buddhismus. Seine Wertschätzung des vorgelegten Buches hat mir ebenso geholfen wie seine Kritik.

Mein Dank gilt schließlich auch meiner Mitarbeiterin, *Magdalena Ebertz,* die durch zweimaliges überaus sorgfältiges Korrekturlesen zur Verbesserung des Manuskriptes beigetragen hat.

Gewidmet habe ich das Buch *Heinz-Dieter Assmann,* meinem Freund und Kollegen von der Juristischen Fakultät unserer Universität. Seine immer neue Bereitschaft zur begleitenden Lektüre meiner Manuskripte ist mir unschätzbar wertvoll. Dankbar erinnere ich mich nicht nur an viele gemeinsame an- und aufregende Entdeckungsreisen in die Welt der Literaturen, sondern auch an gemeinsame Reisen zu wissenschaftlichen Symposien in asiatische Länder wie China und Japan und zwar im Rahmen unserer Aktivitäten für das »Deutsch-Ostasiatische Wissenschaftsforum« (DOAW) mit Sitz an der Universität Tübingen.

Das Buch will eine Entdeckungsreise eigener Art sein im Spannungsfeld von Europa und Asien. Mögen sich Entdeckerfreude und Spannung dieser Reise sowie der Mut zum interkulturellen Dialog auf meine Leserinnen und Leser übertragen.

Tübingen, im Dezember 2009   Karl-Josef Kuschel

Bibliografische Information der Deutschen Nationalbibliothek
Die Deutsche Nationalbibliothek verzeichnet diese Publikation
in der Deutschen Nationalbibliografie; detaillierte bibliografische
Daten sind im Internet über http://dnb.d-nb.de abrufbar.

Abbildungen:
S. 46, 47, 63, 64, 81, 86, 87, 95, 100, 101 © Musée Rodin, Paris
S. 74 © Universitätsbibliothek Heidelberg

Das Werk folgt in den Zitaten der Originalschreibweise.

FSC
Mix
Produktgruppe aus vorbildlich
bewirtschafteten Wäldern,
kontrollierten Herkünften und
Recyclingholz oder -fasern
Zert.-Nr. SGS-COC-004278
www.fsc.org
© 1996 Forest Stewardship Council

Verlagsgruppe Random House FSC-DEU-0100
Das FSC-zertifizierte Papier *Munken Pure* für dieses Buch
liefert Arctic Paper Munkedals AB, Schweden.

1. Auflage
Copyright © 2010 by Gütersloher Verlagshaus, Gütersloh, in der
Verlagsgruppe Random House GmbH, München

Druck und Einband: Těšínská tiskárna, a.s., Český Těšín
Printed in Czech Republic
ISBN 978-3-579-07020-9

www.gtvh.de